English words by frequency

英検® 2級

頻出度順英単語1700

ベリタスアカデミー　加藤直一 著

高橋書店

本書の中身について

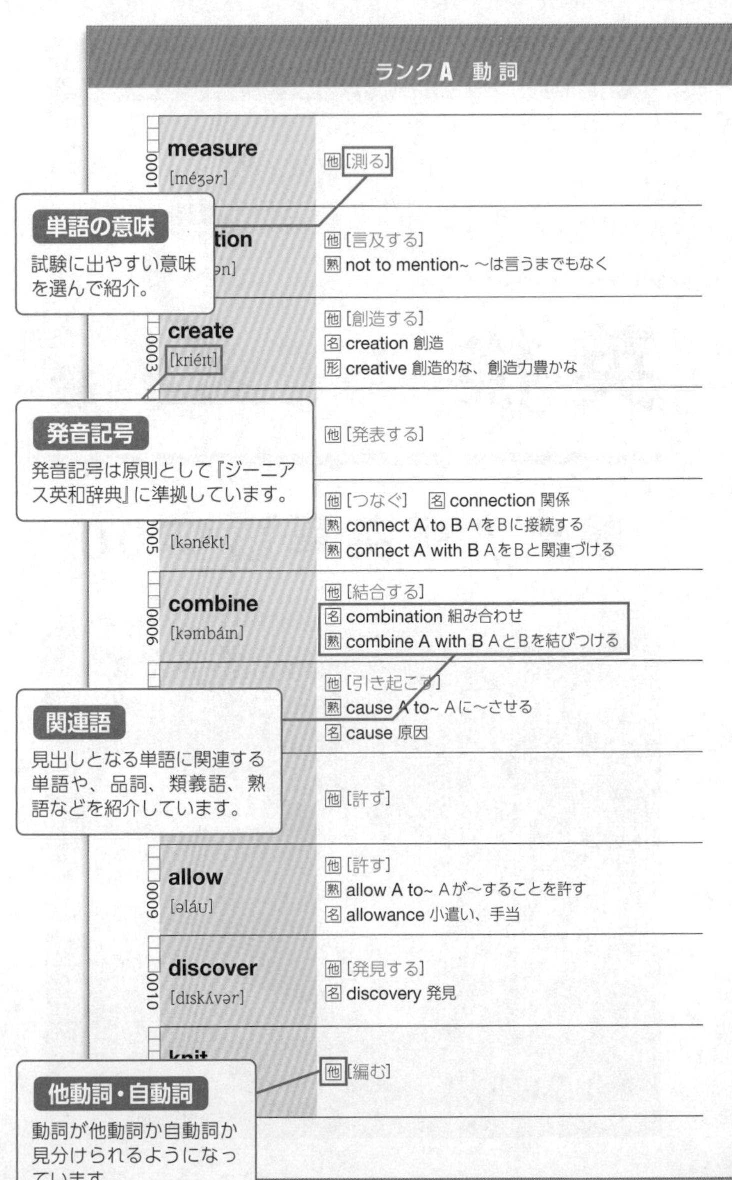

ランク A 動詞
0001
measure
[méʒər]
他[測る]
tion
ən]
他[言及する]
熟 not to mention~ ～は言うまでもなく
0003
create
[kriéɪt]
他[創造する]
名 creation 創造
形 creative 創造的な、創造力豊かな
他[発表する]
0005
[kənékt]
他[つなぐ] 名 connection 関係
熟 connect A to B AをBに接続する
熟 connect A with B AをBと関連づける
0006
combine
[kəmbáɪn]
他[結合する]
名 combination 組み合わせ
熟 combine A with B AとBを結びつける
他[引き起こす]
熟 cause A to~ Aに～させる
名 cause 原因
他[許す]
0009
allow
[əláu]
他[許す]
熟 allow A to~ Aが～することを許す
名 allowance 小遣い、手当
0010
discover
[dɪskʌ́vər]
他[発見する]
名 discovery 発見
knit
他[編む]
単語の意味
試験に出やすい意味を選んで紹介。
発音記号
発音記号は原則として『ジーニアス英和辞典』に準拠しています。
関連語
見出しとなる単語に関連する単語や、品詞、類義語、熟語などを紹介しています。
他動詞・自動詞
動詞が他動詞か自動詞か見分けられるようになっています。

🔊 1～11

0001 There is no (**measuring**) happiness.

幸福を測定することはできない。

0002 Did he (**mention**) the results of the election?

彼は選挙の結果に言及したんですか？

0003 She (**created**) a website on the Internet.

彼女はネット上にウェブサイトを開いた。

0004 The government will (**announce**) a serious issue tonight.

政府は今夜重大な問題を発表するだろう。

0005 This highway (**connects**) Osaka and Tokyo

この幹線道路は大阪と東京をつないでいる。

単語編

ランク A

B

C

動

例文

試験問題を想定した例文を紹介しています。

例文の音声が無料でダウンロードできます

以下の手順を参考に、学習環境に合わせてご利用ください。

- 下記の専用サイトにアクセス、もしくは二次元コードを読み取ります。
お使いの書籍を選択してください。

https://www.takahashishoten.co.jp/audio-dl/language/

- パスワード入力欄にシリアルコード (27584) を入力してください。
- 全音声をダウンロードするをクリック
※ストリーミングでも再生できます。

※本サービスは予告なく終了することがあります

※パソコン・スマートフォンの操作に関する質問にはお答えできません

5

0001	**measure** [méʒər]	他 [測る]
0002	**mention** [ménʃən]	他 [言及する] 熟 not to mention~ ～は言うまでもなく
0003	**create** [kriéɪt]	他 [創造する] 名 creation 創造 形 creative 創造的な、創造力豊かな
0004	**announce** [ənáuns]	他 [発表する]
0005	**connect** [kənékt]	他 [つなぐ]　名 connection 関係 熟 connect A to B AをBに接続する 熟 connect A with B AをBと関連づける
0006	**combine** [kəmbáɪn]	他 [結合する] 名 combination 組み合わせ 熟 combine A with B AとBを結びつける
0007	**cause** [kɔ́ːz]	他 [引き起こす] 熟 cause A to~ Aに～させる 名 cause 原因
0008	**forgive** [fərgív]	他 [許す]
0009	**allow** [əláu]	他 [許す] 熟 allow A to~ Aが～することを許す 名 allowance 小遣い、手当
0010	**discover** [dɪskʌ́vər]	他 [発見する] 名 discovery 発見
0011	**knit** [nít]	他 [編む]

0001 There is no (**measuring**) happiness.
幸福を測定することはできない。

0002 Did he (**mention**) the results of the election?
彼は選挙の結果に言及したんですか？

0003 She (**created**) a website on the Internet.
彼女はネット上にウェブサイトを開いた。

0004 The government will (**announce**) a serious issue tonight.
政府は今夜重大な問題を発表するだろう。

0005 This highway (**connects**) Osaka and Tokyo.
この幹線道路は大阪と東京をつないでいる。

0006 We should (**combine**) our efforts to have more success.
私たちはさらなる成功を収めるために力を合わせるべきである。

0007 His act (**caused**) much trouble.
彼の行動は大迷惑を引き起こした。

0008 Please (**forgive**) us for our failure.
私たちの失敗を許してください。

0009 My father doesn't (**allow**) me to ride a motorbike.
父は私がバイクに乗るのを許可してくれない。

0010 Columbus (**discovered**) the American Continent in 1492.
コロンブスは 1492 年にアメリカ大陸を発見した。

0011 She is (**knitting**) a sweater for her daughter.
彼女は娘のためにセーターを編んでいる。

0012	**seem**	[sí:m]	自 [〜のように思える]　副 seemingly 見たところでは　熟 It seems that SV~ 〜と思われる 熟 seem to~ 〜するようだ
0013	**offer**	[ɔ́(:)fər]	他 [申し出る、提供する]
0014	**apply**	[əplάɪ]	自 [申し込む]　名 application 申し込み 熟 apply for~ 〜に申し込む 熟 apply A to B AをBに適用する
0015	**suggest**	[səgdʒést]	他 [提案する] 名 suggestion 提案
0016	**improve**	[ɪmprú:v]	他 [改善する] 名 improvement 改良
0017	**reduce**	[rɪd(j)ú:s]	他 [減らす] 名 reduction 減少
0018	**supply**	[səplάɪ]	他 [供給する] 熟 supply A with B AにBを供給する 熟 supply B for[to] A AにBを供給する
0019	**provide**	[prəvάɪd]	他 [供給する]　熟 provide A with B AにBを与える 熟 provided that SV~ 〜という条件で 熟 providing that SV~ 〜という条件で
0020	**lead**	[lí:d]	他 [導く]　名 leader 指導者 熟 lead to~ (道などが)〜に通じる 形 leading 先頭に立つ
0021	**replace**	[rɪpléɪs]	他 [取り替える] 名 replacement 取り替え 熟 replace A with B AをBと取り替える
0022	**remove**	[rɪmú:v]	他 [取り除く] 熟 remove A from B AをBから取り除く

0012 He (**seemed**) tired after working for a long time.

彼は長時間働いた後で疲れているようだった。

0013 They (**offer**) their customers 10 % discount now.

彼らは今、お客様に 10%割引を提供している。

0014 She (**applied**) for a new job and was accepted.

彼女は新しい仕事に申し込んで受け入れられた。

0015 We (**suggest**) a new solution to the problem.

私たちはその問題に対する新しい解決策を提案します。

0016 Ken could (**improve**) his English speaking ability.

ケンは英語を話す能力を改善することができた。

0017 You should try to (**reduce**) your stress.

あなたはストレスを減らそうとするべきだよ。

0018 The government will (**supply**) the victims with some food.

政府は被災者に食料を供給するつもりだ。

0019 We (**provided**) those children with some Christmas gifts.

私たちはあの子どもたちにクリスマスプレゼントを与えた。

0020 She (**led**) the older lady to the subway station.

彼女はその高齢女性を地下鉄の駅まで導いてあげた。

0021 Tom (**replaced**) his old bike with a new one.

トムは古い自転車を新しいものに取り替えた。

0022 We will (**remove**) all crime from our society.

我々は我々の社会からすべての犯罪を取り除くつもりだ。

0023	**repair** [rɪpéər]	他 [修理する]
0024	**solve** [sá:lv]	他 [解決する] 名 solution 解決
0025	**remain** [rɪméɪn]	自 [残る、～のままである]
0026	**avoid** [əvɔ́ɪd]	他 [避ける] 熟 avoid -ing ～するのを避ける
0027	**encourage** [ɪnkə́:rɪdʒ]	他 [励ます、勇気づける]　名 courage 勇気 熟 encourage A to~ Aを～するように励ます、勧める 熟 discourage A from -ing Aに～するのを思いとどまらせる
0028	**disturb** [dɪstə́:rb]	他 [妨げる] 名 disturbance 妨害、邪魔
0029	**interrupt** [ìntərʌ́pt]	他 [妨げる] 名 interruption 妨害、邪魔
0030	**prevent** [prɪvént]	他 [妨げる、防ぐ] 熟 prevent A from -ing Aが～するのを妨げる 名 prevention 妨害(となるもの)
0031	**contain** [kəntéɪn]	他 [含む] 名 container 容器
0032	**include** [ɪnklú:d]	他 [含む]
0033	**exclude** [ɪksklú:d]	他 [除外する]

0023 Ted (**repaired**) his old air conditioner.
テッドは古いエアコンを修理した。

0024 We have to (**solve**) those environmental problems.
我々はそれらの環境問題を解決しなければならない。

0025 Please (**remain**) silent during the graduation ceremony.
卒業式のあいだは静かにしていてください。

0026 He (**avoided**) seeing his teacher on his way home.
彼は帰り道に先生と会うのを避けた。

0027 My father (**encouraged**) me to go on to a university.
父は私が大学に進学するように励ましてくれた。

0028 Don't (**disturb**) me while I'm eating.
食べているあいだは邪魔しないでくれよ。

0029 A phone call (**interrupted**) our conversation.
電話が鳴って私たちの会話を中断させた。

0030 The heavy snow (**prevented**) us from leaving on time.
大雪が降って私たちが時間通りに出発するのを妨げた。

0031 This book (**contains**) important information.
この本は重要な情報を含んでいます。

0032 Does this price (**include**) tax?
この値段は税を含んでいますか？

0033 They (**excluded**) me from the meeting.
彼らは会議から私をはずした。

0034	**involve** [ɪnvɑ́:lv]	他 [含む、巻き込む] 熟 be involved in~ ～に携わる、かかわる
0035	**recommend** [rèkəménd]	他 [推薦する、推奨する] 名 recommendation 推薦
0036	**accept** [əksépt]	他 [受け入れる] 名 acceptance 受け入れ
0037	**complain** [kəmpléɪn]	自 [不平を言う] 名 complaint 不満 熟 complain about [of]~ ～について不満を言う
0038	**discuss** [dɪskʌ́s]	他 [話し合う] 名 discussion 話し合い、議論
0039	**lower** [lóʊər]	他 [下げる、減らす]
0040	**delay** [dɪléɪ]	他 [遅らせる]
0041	**attract** [ətrǽkt]	他 [引きつける] 形 attractive 魅力的な 名 attraction 魅力、人を惹きつけるもの
0042	**charge** [tʃɑ́:rdʒ]	他 [請求する]　名 [料金] 熟 charge A for B AにBを請求する　熟 in charge of~ ～を担当して　熟 charge A on B AをBで支払う
0043	**cure** [kjʊ́ər]	他 [治療する] 熟 cure A of B AのBを治す
0044	**heal** [hí:l]	他 [治す]

0034 We were (**involved**) in a traffic accident on the way.

私たちは途中で交通事故に巻き込まれた。

0035 I (**recommended**) him to give up eating too much.

私は彼にあまりに多く食べることをやめるよう勧めた。

0036 We will (**accept**) whoever wants to join us.

私たちは参加したい人は誰でも受け入れます。

0037 She is always (**complaining**) about her husband.

彼女はいつも夫の文句ばかり言っている。

0038 We (**discussed**) the matter over a cup of tea.

私たちはお茶を飲みながらその件を話し合った。

0039 Please (**lower**) the volume of the TV while I'm studying.

勉強中はテレビの音量を下げてくれよ。

0040 The arrival of the train was (**delayed**) by ten minutes.

電車の到着が 10 分遅れた。

0041 She screamed to (**attract**) everyone's attention.

彼女はみんなの注意を惹きつけるために金切り声をあげた。

0042 He was (**charged**) 50 dollars for the broken window.

彼は窓を壊して 50 ドル請求された。

0043 This medicine will (**cure**) you of various diseases.

この薬があなたのいろんな病気を治療してくれるよ。

0044 Ice and a cold towel will (**heal**) your sunburn.

氷と冷たいタオルがあれば、日焼けを治してくれますよ。

No.	単語	発音	意味
0045	**treat**	[trí:t]	他 [治療する、取り扱う] 名 treatment 治療
0046	**base**	[béɪs]	他 [基礎を置く] 形 basic 基本的な　名 basis 基礎 熟 be based on~ ～に基づいている
0047	**argue**	[á:rgju:]	他 [主張する] 名 argument 主張、議論
0048	**insist**	[ɪnsíst]	他 [要求する、主張する] 熟 insist on~ ～を要求する、～を主張する
0049	**claim**	[kléɪm]	他 [主張する、要求する]
0050	**realize**	[rí:əlàɪz]	他 [悟る、はっきり理解する] 名 realization 認識、実現
0051	**affect**	[əfékt]	他 [影響を及ぼす] 名 effect 影響 名 affection 愛情
0052	**influence**	[ínfluəns]	他 [影響を及ぼす] 形 influential 大きな影響を及ぼす
0053	**consider**	[kənsídər]	他 [よく考える] 名 consideration 熟慮　他 consider A as B AがBだと考える　形 considerable 相当な
0054	**publish**	[pʌ́blɪʃ]	他 [出版する] 名 publicity 宣伝 形 public 公共の、公の
0055	**search**	[sə́:rtʃ]	他 [捜す] 熟 search A for B Bを求めてAを捜す

0045 Please (**treat**) this expensive computer carefully.
この高価なコンピュータは、注意して扱ってください。

0046 Everyone's happiness is (**based**) on democracy.
みんなの幸せは民主主義に基づくものである。

0047 They (**argue**) that a tax increase is needed.
彼らは増税が必要だと主張している。

0048 He (**insisted**) that I should pay the bill.
彼は私がその請求金額を払うべきだと主張した。

0049 He (**claimed**) that he should get paid more money.
自分はもっとお金を支払ってもらうべきだと、彼は主張した。

0050 I didn't (**realize**) that she was in love with me.
彼女が僕のことを好きだなんて気づかなかったんだ。

0051 All living things are (**affected**) by the heat of the sun.
すべての生き物は、太陽の熱の影響を受けている。

0052 The Internet greatly (**influences**) the lives of people.
インターネットが人々の生活に大きな影響を与えている。

0053 We have to (**consider**) how to get out of this cave.
私たちはこの洞窟から出る方法をよく考えなければならない。

0054 He has (**published**) three books on biology by now.
彼は今までに生物学の本を３冊出版している。

0055 We (**searched**) our car for the key.
私たちは鍵を求めて車を捜した。

0056	**develop**	[dɪvéləp]	他 [発展させる] 名 development 発展　名 developed country 先進国　名 developing country 発展途上国
0057	**demand**	[dɪmǽnd]	他 [要求する] 熟 in demand 需要のある 熟 on demand 要求に応じて
0058	**require**	[rɪkwáɪə*r*]	他 [要求する、必要とする] 熟 be required to~ ～することを要求される 名 requirement 必要条件
0059	**appear**	[əpíə*r*]	自 [現れる] 名 appearance 外観、外見、出現
0060	**compare**	[kəmpéə*r*]	他 [比較する]　熟 compare A to B AをBに例える 熟 compare A to[with] B AをBと比較する 熟 compared with[to]~ ～に比べると
0061	**approach**	[əpróutʃ]	他 [近づく]
0062	**focus**	[fóukəs]	他 [集中させる] 熟 focus on~ ～に集中する 熟 focus A on B AをBに集中させる
0063	**concentrate**	[kɑ́:nsəntrèɪt]	自 [集中する] 名 concentration 集中力 熟 concentrate on~ ～に集中する
0064	**prefer**	[prɪfə́:*r*]	他 [～のほうを好む] 熟 prefer to~ ～するほうを好む 熟 prefer A to B BよりもAのほうを好む
0065	**promote**	[prəmóut]	他 [促進する] 名 promotion 昇進、促進　熟 promote A to B AをBに昇進させる　熟 be promoted to~ ～に昇進する
0066	**increase**	[ɪnkrí:s]	他 [増加させる] 副 increasingly ますます

0056 Jet planes have greatly (**developed**) our civilization.

ジェット機が私たちの文明を大きく発展させてきた。

0057 She (**demanded**) that I should be kinder to others.

彼女は僕に、他人にもっと親切にするように要求した。

0058 My car (**requires**) repairing at once.

僕の車はすぐに修理する必要がある。

0059 The moon (**appeared**) above the horizon.

月が水平線の上に現れた。

0060 (**Compared**) with her sister, she is rather kindhearted.

お姉さんと比べると、彼女はかなり心優しい。

0061 Stay back. The train is (**approaching**) this station.

後ろに下がっていてください。電車がこの駅に近づいています。

0062 You should (**focus**) your attention on the exam.

あなたは注意を試験に集中させるべきです。

0063 He should have (**concentrated**) on driving his car.

彼は車の運転に集中するべきだったのだ。

0064 He (**prefers**) English tea to Japanese tea.

彼は日本茶よりも紅茶を好む。

0065 Regular exercise will (**promote**) your health.

定期的に運動することがあなたの健康を促進するだろう。

0066 His invention will (**increase**) everyone's happiness.

彼の発明がみんなの幸福を増加させることになるだろう。

0067	**decrease** [dì:krí:s]	自 [減少する]
0068	**decline** [dɪkláɪn]	自 [減少する、衰える]
0069	**disappoint** [dìsəpɔ́ɪnt]	他 [失望させる] 名 disappointment 失望
0070	**manage** [mǽnɪdʒ]	他 [経営する] 名 management 経営、管理 熟 manage to~ 何とか～する
0071	**preserve** [prɪzə́:*r*v]	他 [保存する、保護する] 名 preservation 保存
0072	**reserve** [rɪzə́:*r*v]	他 [予約する] 名 reservation 予約
0073	**quit** [kwít]	他 [やめる] 熟 give up やめる、あきらめる、捨てる
0074	**complete** [kəmplí:t]	他 [完成する]
0075	**describe** [dɪskráɪb]	他 [描写する、説明する] 名 description 描写、説明
0076	**reject** [rɪdʒékt]	他 [拒絶する] 他 refuse 拒否する 他 turn down~ ～を拒絶する
0077	**refuse** [rɪfjú:z]	他 [拒否する] 熟 refuse to~ ～するのを拒む

0067 The population of the village has been (**decreasing**).

その村の人口が減少してきている。

0068 Her health is (**declining**) day by day.

彼女の健康状態が日に日に衰えている。

0069 The result of the game (**disappointed**) all of us.

その試合の結果が私たちみんなをがっかりさせた。

0070 He (**manages**) a big trading company in Yokohama.

彼は横浜で大きな貿易会社を経営している。

0071 We have to (**preserve**) our environment for our children.

我々の子どもたちのために、環境を保護しなければならない。

0072 Have you (**reserved**) a room at this hotel?

このホテルに部屋を予約してありますか？

0073 He (**quit**) smoking several years ago and is healthy now.

彼は数年前に喫煙をやめて、今は健康だ。

0074 Have you (**completed**) your physics assignment?

物理の宿題はもう終わらせていますか？

0075 I can't (**describe**) the beauty of the scenery in words.

私はその風景の美しさを言葉で描写することはできない。

0076 We (**rejected**) his offer because the pay was not good.

給料が良くなかったので、私たちは彼の申し出を拒絶した。

0077 She (**refused**) to accept any money from the old man.

彼女はその高齢男性から、いかなるお金も受け取ることを拒否した。

0078	**rely** [rɪláɪ]	自 [頼る、信頼する] 熟 rely on~ ～を頼りにする
0079	**request** [rɪkwést]	他 [頼む] 熟 request A to~ Aに～するように頼む
0080	**depend** [dɪpénd]	自 [頼る、～次第である] 熟 depend on~ ～に依存する 熟 depending on~ ～次第で
0081	**hire** [háɪər]	他 [雇う] 他 employ 雇う 他 fire 解雇する
0082	**employ** [ɪmplɔ́ɪ]	他 [雇う] 名 employee 従業員　名 employment 雇用 名 employer 雇い主
0083	**ignore** [ɪgnɔ́ːr]	他 [無視する] 形 ignorant 知らない　熟 be ignorant of~ ～を知らない　名 ignorance 無知
0084	**add** [ǽd]	他 [加える] 熟 add A to B AをBに加える 形 additional 追加の　副 additionally そのうえ
0085	**survey** [sərvéɪ]	他 [調査する]
0086	**examine** [ɪgzǽmən]	他 [調べる] 名 examination 試験
0087	**investigate** [ɪnvéstəgèɪt]	他 [詳しく調査する] 熟 look into~ ～を詳しく調査する 名 investigation 調査
0088	**fail** [féɪl]	自 [失敗する] 熟 fail to~ ～しない、～しそこなう 名 failure 失敗、落第

0078 I (**rely**) on my parents for my living costs.

私は生活費を両親に頼っている。

0079 He (**requested**) me to lend him some money.

彼は私にいくらかお金を貸すように頼んだ。

0080 Your success (**depends**) on your efforts.

あなたが成功するかどうかはあなたの努力次第ですよ。

0081 The company (**hires**) 100 new graduates.

その会社は 100 人の新卒者を雇っている。

0082 She is (**employed**) at a big department store.

彼女は大きな百貨店で雇われている。

0083 He completely (**ignores**) her faults.

彼は彼女の欠点を完全に無視している。

0084 He (**added**) three spoonful of sugar to his coffee.

彼はスプーン 3 杯分の砂糖をコーヒーに加えた。

0085 The government should (**survey**) the public's opinions.

政府は世論を調査するべきである。

0086 The police are (**examining**) the cause of the accident.

警察がその事故の原因を調査している。

0087 The scientists are (**investigating**) the phenomenon.

科学者たちがその現象を調査している。

0088 He (**failed**) to answer all of his teacher's questions.

彼は先生の質問すべてに答えることができなかった。

0089	**apologize** [əpɑ́:lədʒàɪz]	自 [謝罪する] 名 apology 謝罪 熟 apologize to A for B BのことでAに謝る
0090	**warn** [wɔ́:rn]	他 [警告する]
0091	**earn** [ə́:rn]	他 [稼ぐ] 熟 earn one's living 生計を立てる
0092	**release** [rɪlí:s]	他 [公開する、放出する]
0093	**deliver** [dɪlívər]	他 [配達する] 名 delivery 配達
0094	**survive** [sərváɪv]	他 [(切り抜けて) 生き残る] 名 survival 生存
0095	**recognize** [rékəgnàɪz]	他 [わかる、認識する] 名 recognition 認識
0096	**remind** [rɪmáɪnd]	他 [思い出させる] 熟 remind A of B AにBのことを思い出させる
0097	**suspect** [səspékt]	他 [疑う] 名 suspicion 疑い 形 suspicious 疑わしい　名 suspect 容疑者
0098	**doubt** [dáut]	他 [疑う] 副 doubtfully 疑わしく 熟 no doubt 疑いなく
0099	**tend** [ténd]	自 [傾向がある] 熟 tend to~ ～する傾向にある 名 tendency 傾向

0089 We have to (**apologize**) to you for our failure.
私たちはあなたに失敗したことを謝罪しなければならない。

0090 They (**warned**) us against approaching the pond.
彼らは私たちにその池に近づくなと警告した。

0091 He (**earns**) much more money than ten years ago.
彼は 10 年前よりもはるかに多くのお金を稼いでいる。

0092 We (**release**) too much carbon dioxide into the air.
私たちは二酸化炭素を大気中に放出しすぎている。

0093 Please (**deliver**) another pizza tonight.
今夜ピザをもう一枚配達してちょうだい。

0094 A lot of animals (**survived**) the forest fire.
たくさんの動物がその山火事で生き残った。

0095 No one could (**recognize**) the possibility of the accident.
その事故の可能性を認識できる者は誰もいなかった。

0096 This album (**reminds**) me of my happy school days.
このアルバムは私に楽しかった学校時代を思い出させる。

0097 I (**suspect**) that she is lying to me.
僕は彼女が僕に嘘をついているんじゃないかと疑っている。

0098 He (**doubts**) that he can reach his destination.
彼は目的地にたどり着くことができるか疑っている。

0099 The Japanese (**tend**) to be hardworking.
日本人は勤勉である傾向がある。

0100	**advance** [ədvǽns]	自 [前進する] 熟 in advance 前もって
0101	**refer** [rɪfə́:r]	自 [言及する、参照する] 熟 refer to~ ～を参照する　熟 refer to A as B AをBと呼ぶ　名 reference 参考、参照
0102	**adopt** [ədɑ́:pt]	他 [採用する]
0103	**adapt** [ədǽpt]	自 [順応する] 熟 adapt to~ ～に順応する 名 adaptation 順応、適応
0104	**predict** [prɪdíkt]	他 [予言する] 名 prediction 予想、予言
0105	**afford** [əfɔ́:rd]	他 [余裕がある] 熟 can afford to~ ～する余裕がある
0106	**appreciate** [əprí:ʃièɪt]	他 [高く評価する、感謝する] 名 appreciation 正しい認識
0107	**suffer** [sʌ́fər]	自 [苦しむ] 熟 suffer from~ ～に苦しむ
0108	**transfer** [trænsfə́:r]	他 [移す] 熟 transfer A to B AをBに移す
0109	**lift** [líft]	他 [持ち上げる]
0110	**deserve** [dɪzə́:rv]	他 [価値がある]

0100 Computer technology has (**advanced**) dramatically.

コンピュータの技術が劇的に進歩してきている。

0101 You can (**refer**) to our website for more information.

さらなる情報を求めて我が社のウェブサイトを参照することができます。

0102 The city will (**adopt**) a new tax policy.

その都市は新しい税政策を採用することになるだろう。

0103 We should (**adapt**) to this new way of life.

私たちはこの新しい生活様式に順応するべきである。

0104 No one can (**predict**) what will happen tomorrow.

明日何が起こるか予言できる者はいない。

0105 He couldn't (**afford**) to buy that new car.

彼はその新車を買う余裕がなかった。

0106 If you do the dishes for me, I will (**appreciate**) it.

洗い物をしてくれたらありがたいです。

0107 This area (**suffers**) from severe climate during winter.

この地域は冬に厳しい天候に苦しんでいる。

0108 They're going to (**transfer**) their office to the capital.

彼らは事務所を首都に移転することになっている。

0109 The baggage was too heavy for him alone to (**lift**).

手荷物が重すぎて、彼一人では持ち上げられなかった。

0110 That castle (**deserves**) to be a world heritage site.

あの城は世界遺産に値する。

0111	**escape** [ɪskéɪp]	自 [逃げる]
0112	**act** [ǽkt]	自 [行動する] 形 active 活動的な 名 action 行動
0113	**confuse** [kənfjúːz]	他 [混乱させる、混同する]
0114	**advise** [ədváɪz]	他 [助言する、忠告する] 熟 advise A to~ Aに～するよう勧める
0115	**attach** [ətǽtʃ]	他 [取りつける] 熟 attach A to B AをBにつける
0116	**persuade** [pərswéɪd]	他 [説得する] 熟 persuade A to~ Aを～するように説得する 名 persuasion 説得 形 persuasive 説得力のある
0117	**advertise** [ǽdvərtàɪz]	他 [宣伝する] 名 advertisement 宣伝、広告
0118	**unite** [ju(ː)náɪt]	他 [結びつける] 名 unity 統一
0119	**illustrate** [íləstrèɪt]	他 [説明する、例証する] 名 illustration 例証、挿絵
0120	**betray** [bɪtréɪ]	他 [裏切る]
0121	**curl** [kə́ːrl]	自 [曲がりくねる、体を丸くする]

0111 The criminal seems to have (**escaped**) abroad.
犯人は海外に逃げたようだ。

0112 You should (**act**) as a high school student.
あなたは高校生らしく行動するべきです。

0113 He was (**confused**) by her remark.
彼は彼女の発言に混乱した。

0114 The doctor (**advised**) me to get more regular exercise.
医者が私にもっと定期的に運動するよう助言した。

0115 We will (**attach**) a new air conditioner to our bedroom wall.
私たちは新しいエアコンを寝室の壁に取りつけるつもりです。

0116 She (**persuaded**) her husband to see a doctor.
彼女は医者に診てもらうように夫を説得した。

0117 They will (**advertise**) their products on their website.
彼らは製品をウェブサイトで宣伝するつもりである。

0118 We have plans to (**unite**) our company with a major one.
我が社を大手企業と統合する計画がある。

0119 This picture (**illustrates**) the functions of the brain.
この絵は脳の働きを説明している。

0120 A boy who we believed was honest (**betrayed**) us.
私たちが正直だと信じていた少年が私たちを裏切った。

0121 My cat (**curled**) on the couch and fell asleep.
猫がソファの上で体を丸くして眠ってしまった。

0122	**evaluate** [ɪvǽljuèɪt]	他 [評価する] 名 evaluation 評価
0123	**satisfy** [sǽtɪsfàɪ]	他 [満足させる] 名 satisfaction 満足 形 satisfactory 満足のいく
0124	**wrap** [rǽp]	他 [包む]
0125	**justify** [dʒʌ́stəfáɪ]	他 [正当化する] 名 justice 正義 名 justification 正当化
0126	**fulfill** [fulfíl]	他 [やり遂げる、実現させる] 名 fulfillment 達成、成就
0127	**perform** [pərfɔ́:rm]	他 [成し遂げる、演じる] 名 performance 達成、演技
0128	**envy** [énvi]	他 [うらやむ、妬む]
0129	**enlarge** [ɪnlá:rdʒ]	他 [拡大する]
0130	**share** [ʃéər]	他 [共有する、一緒に使う]
0131	**whistle** [(h)wísl]	他 [(口) 笛を吹く]
0132	**celebrate** [séləbrèɪt]	他 [祝う] 名 celebration 祝賀 (会)

0122 You should not decide how to (**evaluate**) me.
あなたが僕をどう評価するか決めるべきじゃないよ。

0123 The family was (**satisfied**) with their simple life.
その家族は質素な生活に満足していた。

0124 Please (**wrap**) this stuffed bear as a gift.
このぬいぐるみのクマをギフト用に包んでください。

0125 The reason why he lied to us was to (**justify**) his claim.
彼が僕たちに嘘をついた理由は自分の主張を正当化することだった。

0126 You should have high goals to (**fulfill**) your dreams.
あなたは夢を達成するために高い目標を持つべきだ。

0127 It is impossible for me to (**perform**) this task in a day.
私が 1 日でこの仕事をやり遂げるのは無理だ。

0128 It is not good to (**envy**) others.
他人をうらやむのは良いことではない。

0129 I have to (**enlarge**) these little letters to twice their size.
これらの小さな文字を 2 倍に拡大しなければならない。

0130 I'm going to the city hall, too. Let's (**share**) a taxi.
僕も市役所に行くところなんだ。一緒にタクシーに乗って行こう。

0131 You only have to (**whistle**) to bring the hawk back.
鷹を呼び戻すためには口笛を吹くだけでよい。

0132 I (**celebrated**) my parents' 30th wedding anniversary.
両親の結婚 30 周年記念を祝った。

0133	**follow** [fɑ́:loʊ]	他 [従う、後を追う]
0134	**judge** [dʒʌ́dʒ]	自 [判断する] 名 judgement 判断
0135	**destroy** [dɪstrɔ́ɪ]	他 [破壊する、破滅させる] 名 destruction 破壊、破滅
0136	**behave** [bəhéɪv]	自 [振る舞う、行動する] 名 behavior 行動、振る舞い
0137	**install** [ɪnstɔ́:l]	他 [設置する] 名 installation 設置
0138	**reuse** [rì:jú:z]	他 [再利用する]
0139	**embarrass** [ɪmbǽrəs]	他 [困らせる] 名 embarrassment 困惑、当惑
0140	**locate** [lóʊkeɪt]	他 [置く、設置する] 名 location 位置 熟 be located 位置している
0141	**gain** [géɪn]	他 [得る、増やす] 熟 gain weight 太る
0142	**feed** [fí:d]	他 [食べ物を与える] 熟 be fed up with~ ～にうんざりしている
0143	**participate** [pɑ:*r*tísəpèɪt]	自 [参加する] 名 participant 参加者　熟 participate in ~ ～に参加する　熟 take part in~ ～に参加する

0133 I decided to (**follow**) her advice and go on to college.
彼女の助言に従って大学に進学することに決めたんだ。

0134 (**Judging**) from the sky, it is going to rain soon.
空模様から判断すると、もうすぐ雨が降りそうだ。

0135 The hurricane (**destroyed**) the whole town.
ハリケーンが街全体を破壊した。

0136 We are expected to (**behave**) like students.
僕たちは学生らしい振る舞いをすることが求められている。

0137 We need to have a refrigerator (**installed**) in our kitchen.
私たちはキッチンに冷蔵庫を設置してもらう必要がある。

0138 (**Reusing**) resources is necessary to solve our problems.
私たちが抱えている問題を解決するためには資源を再利用することが必要だ。

0139 I was (**embarrassed**) to sneeze loudly on the train.
電車で大きなくしゃみをして、はずかしかった。

0140 The village is (**located**) at the foot of a high mountain.
その村はある高い山の麓にある。

0141 She has (**gained**) many new friends here in Japan.
彼女はここ日本でたくさんの新しい友だちを得ている。

0142 We (**feed**) our dog three times a day.
私たちは犬に 1 日 3 回エサを与えている。

0143 She (**participated**) in an English speech contest.
彼女は英語のスピーチコンテストに参加した。

0144	**annoy** [ənɔ́ɪ]	他 [悩ませる]
0145	**donate** [dóʊneɪt]	他 [寄付する] 名 donation 寄付 熟 donate A to B AをBに寄付する
0146	**kid** [kíd]	自 [ふざける、冗談を言う]
0147	**stick** [stík]	他 [貼り付ける] 熟 stick to~ ～にこだわる
0148	**switch** [swítʃ]	他 [切り替える]
0149	**guess** [gés]	他 [推測する、言い当てる]
0150	**hurt** [hə́:rt]	他 [傷つける]
0151	**recycle** [ri:sáɪkl]	他 [再利用する]
0152	**seek** [sí:k]	他 [追求する、追い求める]
0153	**relate** [rɪléɪt]	他 [関連づける] 熟 relate A to B AをBと関連づける 名 relation 関係、関連
0154	**pause** [pɔ́:z]	自 [立ち止まる、一時停止する]　名 [一時停止]

0144 His remarks always (**annoy**) me.
彼の発言はいつも私を悩ませる。

0145 He (**donated**) most of his wealth to the disaster victims.
彼は財産のほとんどを災害の犠牲者に寄付した。

0146 Will my hourly wage be 500 yen? No (**kidding**)!
時間給 500 円になるっていうの？　ふざけないでよ！

0147 You have to (**stick**) one stamp on that envelope.
あなたはその封筒に切手を 1 枚貼らないといけませんよ。

0148 We should (**switch**) our energy from oil to electricity.
我々はエネルギーを石油から電気に切り替えるべきである。

0149 Probably no one can (**guess**) how old he is.
彼が何歳か言い当てることができる人は多分いない。

0150 You have to apologize to her for (**hurting**) her feelings.
あなたは彼女の感情を傷つけたことを詫びなければならない。

0151 This magazine is made of (**recycled**) paper.
この雑誌は再生紙でできています。

0152 Police are (**seeking**) witnesses to the traffic accident.
警察がその交通事故の目撃者を探している。

0153 Is there any evidence (**relating**) this fact to the case?
この事実をその事件に関連づける証拠は何かあるんですか？

0154 She (**paused**), looked at me, then walked away.
彼女は立ち止まって私のほうを見て、その後歩き去った。

□□0155	**education** [èdʒukéɪʃən]	名 [教育] 形 educational 教育の 動 educate 教育する
□□0156	**nonsense** [nɑ́:nsens]	名 [無意味な言葉、ばかげたこと]
□□0157	**heat** [hí:t]	名 [熱]
□□0158	**list** [líst]	名 [一覧表]
□□0159	**salary** [sǽləri]	名 [給料]
□□0160	**document** [dɑ́:kjəmənt]	名 [書類]
□□0161	**construction** [kənstrʌ́kʃən]	名 [建設] 動 construct 建設する 熟 under construction 建設中である
□□0162	**result** [rizʌ́lt]	名 [結果] 熟 as a result その結果として　熟 result in~ 結局~に終わる　熟 result from~ ～から結果として生じる
□□0163	**skin** [skín]	名 [皮膚] 熟 be drenched to the skin びしょ濡れになる
□□0164	**research** [rí:sə́:rtʃ]	名 [研究]　動 [研究する]
□□0165	**expert** [ékspə:rt]	名 [専門家] 名 specialist 専門家

0155 She read the report on math (**education**) in India.
彼女はインドの数学教育に関する報告書を読んだ。

0156 It is (**nonsense**) to trust such a dishonest man.
あんな正直でない男を信用するなんて、ばかげている。

0157 They keep the (**heat**) in the greenhouse moderate.
その温室の温度は適度に保たれている。

0158 Why isn't my name on the applicant (**list**)?
なぜ私の名前が申込者一覧表に載っていないんだよ？

0159 He is always complaining about his low (**salary**).
彼はいつも給料が安いと文句ばかり言っている。

0160 All you have to do is to sign this (**document**).
あなたはこの書類に署名するだけでいいのです。

0161 Children can't approach this (**construction**) site.
子どもはこの建設現場に近づくことはできません。

0162 We were anxious about the (**results**) of the election.
私たちは選挙の結果を心配していた。

0163 It isn't good to expose your (**skin**) to the sun too much.
肌を太陽にさらしすぎるのは良くない。

0164 They are doing some (**research**) on the solar system.
彼らは太陽系についてある研究を行っている。

0165 He is an (**expert**) on genetic engineering.
彼は遺伝子工学の専門家だ。

0166	**damage** [dǽmɪdʒ]	名 [損害] 熟 do damage 害を及ぼす 熟 do good ためになる
0167	**carbon** [kɑ́:*r*bən]	名 [炭素] 名 carbon dioxide 二酸化炭素
0168	**network** [nétwə̀:rk]	名 [網状のもの、ネットワーク]
0169	**neighborhood** [néɪbə*r*hùd]	名 [近所] 名 neighbor 隣人
0170	**cleaner** [klí:nə*r*]	名 [掃除をする人、掃除機]
0171	**amount** [əmáunt]	名 [量] 熟 a large amount of~ 大量の〜
0172	**difficulty** [dífiɪʌ̀lti]	名 [困難] 熟 have difficulty (in) -ing 〜するのに苦労する
0173	**level** [lévl]	名 [水準]
0174	**situation** [sìtʃuéɪʃən]	名 [状況]
0175	**deal** [dí:l]	名 [量]　動 [扱う] 熟 deal with~ 〜を取り扱う　熟 deal in~ 〜を商う 熟 a great[good] deal of~ 大量の〜
0176	**quantity** [kwɑ́:ntəti]	名 [量] 名 quality 質

0166 The typhoon caused serious (**damage**) to that area.
その台風はあの地域に深刻な被害を引き起こした。

0167 We have to reduce the amount of (**carbon**) dioxide.
我々は二酸化炭素の量を減らさなければならない。

0168 Our office offers a free communication (**network**).
我々の事務所は無料の通信ネットワークを提供しております。

0169 Last night, there was a fire in my (**neighborhood**).
昨夜、近所で火災があった。

0170 We can no longer do without a vacuum (**cleaner**).
私たちはもはや、掃除機なしで済ますことはできない。

0171 The (**amount**) of traffic is getting heavy these days.
最近交通量が増えている。

0172 She had great (**difficulty**) in finding the way to go.
彼女は進むべき道を見つけるのにとても苦労した。

0173 The athlete showed his high (**level**) of physical ability.
その運動選手はレベルの高い身体能力を見せた。

0174 The president has been forced into a hard (**situation**).
社長は困難な状況に追い込まれている。

0175 You have to learn a great (**deal**) of things in university.
大学では大量のことを学ばなくてはならない。

0176 We think more highly of quality than (**quantity**).
私たちは量よりも質を重視しています。

0177	**volume** [vɑ́:lju:m]	名 [量、音量]
0178	**importance** [ɪmpɔ́:rtəns]	名 [重要性] 副 importantly 重要なことには 熟 of importance 重要な(=important)
0179	**effort** [éfərt]	名 [努力] 熟 make an effort 努力する
0180	**government** [gʌ́vərnmənt]	名 [政府] 動 govern 統治する、支配する
0181	**traffic** [trǽfɪk]	名 [交通] 名 traffic light 信号機 名 traffic accident 交通事故
0182	**access** [ǽkses]	名 [接近]
0183	**service** [sə́:rvəs]	名 [サービス(業務)]
0184	**impact** [ímpækt]	名 [影響] 名 effect 影響
0185	**effect** [ɪfékt]	名 [影響] 形 effective 効果的な　副 effectively 効果的に 熟 in effect 実際には、事実上
0186	**product** [prɑ́:dʌkt]	名 [製品] 名 production 生産 動 produce 生産する
0187	**society** [səsáɪəti]	名 [社会]

0177 Do you know the (**volume**) of water in the oceans?
海にある水の量を知っていますか？

0178 The (**importance**) of health can't be exaggerated.
健康の大切さはいくら強調してもしすぎることはない。

0179 He made every (**effort**) before he won the victory.
彼は勝利を勝ち取るまでに、あらゆる努力をした。

0180 The (**government**) announced a new diplomatic policy.
政府が新しい外交政策を発表した。

0181 I didn't realize that the (**traffic**) light was red.
私は信号機が赤だということに気づいていなかったのです。

0182 Can they get (**access**) to the top of the mountain?
彼らは山頂に接近できるのだろうか？

0183 She is engaged in a social (**service**).
彼女は社会事業に携わっている。

0184 Traffic has a big (**impact**) on our environment.
交通は環境に大きな影響力を持っている。

0185 The bears are suffering from the (**effects**) of cold weather.
クマたちが寒い天気の影響に苦しんでいる。

0186 They have started to advertise their new (**products**).
彼らは新製品を宣伝し始めている。

0187 There are both good and bad sides in our (**society**).
我々の社会には良い面もあれば悪い面もある。

0188	**boss** [bɔ́(:)s]	名 [上司]
0189	**goods** [gúdz]	名 [商品]
0190	**advantage** [ədvǽntɪdʒ]	名 [利点] 熟 take advantage of~ ～を利用する、～につけこむ
0191	**illness** [ílnəs]	名 [病気] 形 ill 病気の
0192	**coast** [kóust]	名 [海岸]
0193	**disadvantage** [dìsədvǽntɪdʒ]	名 [不利な点]
0194	**form** [fɔ́:rm]	名 [用紙]
0195	**condition** [kəndíʃən]	名 [状態、条件] 熟 on (the) condition that SV~ ～という条件で
0196	**honey** [hʌ́ni]	名 [あなた(呼びかけに使う)、はちみつ]
0197	**experiment** [íkspérəmənt]	名 [実験]
0198	**laboratory** [lǽbərətɔ̀:ri]	名 [実験室]

0188 The (**boss**) told me that I would be promoted soon.
上司が私に間もなく昇進することになると言った。

0189 Canned (**goods**) are sold at a low price at the store.
その店では缶詰の商品が安い値段で売られている。

0190 It is a great (**advantage**) for you to be mentally strong.
精神力が強いことはあなたにとって大きな利点ですよ。

0191 She had to stay home because of her son's (**illness**).
彼女は息子が病気だったので家にいなければならなかった。

0192 The cities along the (**coasts**) may be flooded.
海岸沿いの都市が水浸しになるかもしれない。

0193 We have to consider the (**disadvantages**) of this project.
我々はこの計画の短所をよく考えなければならない。

0194 You only have to fill in this application (**form**).
あなたはこの申し込み用紙に記入するだけでよい。

0195 The boxer has been in good (**condition**) recently.
そのボクサーは最近良い状態である。

0196 Bees provide us with (**honey**).
ミツバチは私たちにはちみつを提供してくれる。

0197 The scientists announced the results of the (**experiment**).
科学者たちがその実験の結果を発表した。

0198 We installed a new machine in our (**laboratory**).
我々は実験室に新しい機械を設置しました。

0199	**method** [méθəd]	名 [方法]
0200	**topic** [tá:pɪk]	名 [話題]
0201	**population** [pà:pjəléɪʃən]	名 [人口] 名 popularity 人気 形 populous 人口の多い
0202	**law** [lɔ́:]	名 [法律、法則]
0203	**professor** [prəfésər]	名 [教授]
0204	**disease** [dɪzí:z]	名 [病気]
0205	**purpose** [pə́:rpəs]	名 [目的] 熟 on purpose わざと　熟 for the purpose of -ing ～する目的で　副 purposefully 目的を持って
0206	**aim** [éɪm]	名 [目的]　動 [狙う] 熟 aim A at B AをBに向ける
0207	**destination** [dèstənéɪʃən]	名 [目的地] 名 destiny 運命 熟 be destined to~ ～する運命である
0208	**pressure** [préʃər]	名 [圧力] 動 press 圧迫する 名 the press 報道機関
0209	**material** [mətíəriəl]	名 [原料、材料]

0199 Using the Internet is a new (**method**) of studying English.
インターネットを利用することは英語学習の新しい方法だ。

0200 What is the (**topic**) of today's conference?
今日の会議の話題は何ですか？

0201 The (**population**) of Tokyo is larger than that of this city.
東京の人口はこの都市の人口よりも多い。

0202 Smoking is prohibited here by (**law**).
ここでの喫煙は法律で禁止されています。

0203 She is a (**professor**) of economics at Tokyo University.
彼女は東京大学の経済学教授だ。

0204 He has survived a terminal (**disease**).
彼は末期の病から生還した。

0205 She has gone to Paris for the (**purpose**) of studying art.
彼女は美術を勉強する目的でパリに行っている。

0206 He has finally achieved his (**aim**) in life.
彼はついに人生の目的を達成した。

0207 I wonder if I could reach our (**destination**) before dark.
暗くなる前に我々の目的地に着けるのだろうか。

0208 He is suffering from the (**pressure**) of his work.
彼は仕事の重圧に苦しんでいる。

0209 She needed some (**material**) to knit her son's sweater.
彼女は息子のセーターを編むための材料が必要だった。

0210	**fashion** [fǽʃən]	名 [流行] 熟 be in fashion 流行っている
0211	**client** [kláɪənt]	名 [依頼人] 名 guest（招待された）客、ホテルの客 名 passenger 乗客
0212	**skill** [skíl]	名 [技能、技術] 形 skilled 熟練した 形 skillful 熟練した
0213	**technology** [tekná:lədʒi]	名 [科学技術]
0214	**technique** [tekní:k]	名 [技術] 形 technical 技術の、専門的な
0215	**presentation** [prì:zentéɪʃən]	名 [発表]
0216	**source** [sɔ́:rs]	名 [源]
0217	**organization** [ɔ̀:rgənəzéɪʃən]	名 [組織] 動 organize 組織する、準備する
0218	**sense** [séns]	名 [感覚、意味] 熟 in a sense ある意味では
0219	**profit** [prá:fət]	名 [利益] 形 profitable 儲かる、有益な
0220	**photograph** [fóutəgræ̀f]	名 [写真]

0210 The magazine shows us the latest (**fashion**).
その雑誌には最新の流行が載っている。

0211 The lawyer is trusted by his (**clients**).
その弁護士は依頼人たちから信頼されている。

0212 She didn't have enough (**skill**) to solve that problem.
彼女はその問題を解決するのに十分な技術を持ち合わせていなかった。

0213 Our lives are heavily dependent on (**technology**).
私たちの生活は科学技術に大きく依存している。

0214 The pianist improved her (**technique**) by practicing.
そのピアニストは練習によって技術を改善した。

0215 Her (**presentation**) was simple and accurate.
彼女の発表はわかりやすくて的確だった。

0216 We have to find a new (**source**) of energy for the future.
私たちは将来のために新しいエネルギー源を見つけなければならない。

0217 He started an (**organization**) for people in need.
彼は困っている人々のための団体を始めた。

0218 She showed her good (**sense**) of humor at the party.
彼女はパーティーで優れたユーモア感覚を見せた。

0219 We are going to make a big (**profit**) next year.
我々は来年大きな利益を上げることになるだろう。

0220 This (**photograph**) will work as evidence of her guilt.
この写真は彼女が罪を犯した証拠として役に立つだろう。

0221	**photography** [fətá:grəfi]	名 [写真撮影]
0222	**photographer** [fətá:grəfər]	名 [写真家]
0223	**trend** [trénd]	名 [流行、傾向]
0224	**evidence** [évədəns]	名 [証拠] 形 evident 明らかな
0225	**distance** [dístəns]	名 [距離] 熟 in the distance 遠方に 形 distant 遠い、遠く離れた
0226	**instance** [ínstəns]	名 [例] 熟 for instance 例えば
0227	**substance** [sʌ́bstəns]	名 [物質]
0228	**average** [ǽvərɪdʒ]	名 [平均] 熟 on average 平均して
0229	**quality** [kwá:ləti]	名 [質] 名 quantity 量
0230	**fuel** [fjú:əl]	名 [燃料] 名 fossil fuel 化石燃料
0231	**patient** [péɪʃənt]	名 [患者]　形 [忍耐強い] 名 patience 忍耐、忍耐力

0221 (**Photography**) is not allowed in this museum.
この美術館では写真撮影は許可されていません。

0222 The (**photographer**) is praised for his splendid works.
その写真家は素晴らしい作品のために称賛されている。

0223 His way of thinking is against the social (**trend**).
彼の考え方は社会的傾向に逆らっている。

0224 I couldn't show the scientific (**evidence**) for my theory.
私は自分の説の科学的証拠を示すことができなかった。

0225 My house is within walking (**distance**) of the station.
私の家は駅から歩いて行ける距離のところにあります。

0226 Can you tell me any (**instances**) of polar animals?
寒帯動物の例をいくつか教えてもらえませんか？

0227 The (**substance**) found on the comet was new to us.
彗星で見つかった物質は我々が知らないものだった。

0228 The (**average**) age of women is higher than that of men.
女性の平均年齢は男性よりも高い。

0229 Our products are made of materials of good (**quality**).
私たちの製品は品質の良い素材でできております。

0230 The necessity of nuclear (**fuel**) is being discussed.
核燃料の必要性が議論されている。

0231 The (**patient**) has recovered from the terminal disease.
その患者は末期の病から回復した。

0232	**weight** [wéɪt]	名 [重さ] 動 weigh 重さがある 熟 lose weight やせる　熟 gain weight 太る
0233	**equipment** [ɪkwípmənt]	名 [装備、設備] 形 be equipped with~ ～を備えている
0234	**surface** [sə́:rfəs]	名 [表面] 形 superficial 表面的な
0235	**temperature** [témpərətʃər]	名 [温度、気温、体温]
0236	**industry** [índəstri]	名 [産業] 形 industrial 産業の 形 industrious 勤勉な
0237	**site** [sáɪt]	名 [場所]
0238	**appointment** [əpɔ́ɪntmənt]	名 [約束、予約] 動 appoint 指名する
0239	**choice** [tʃɔ́ɪs]	名 [選択] 熟 have no choice but to~ ～するしかない
0240	**selection** [səlékʃən]	名 [選択] 動 select 選ぶ
0241	**invention** [ɪnvénʃən]	名 [発明] 動 invent 発明する
0242	**economy** [ɪká:nəmi]	名 [経済] 形 economic 経済の 形 economical 経済的な、お得用の

0232 The doctor advised him to lose (**weight**) for his health.
医者が彼に健康のために体重を減らすよう助言した。

0233 We can rent a set of ski (**equipment**) at the hotel.
ホテルでスキーの装備を一式借りられるよ。

0234 The moon is reflected on the (**surface**) of the ocean.
月が海面に反射している。

0235 The (**temperature**) of the earth is rising.
地球の温度が高くなっている。

0236 The development of (**industry**) in Asia is rapid.
アジアにおける産業の発達が急速だ。

0237 We had a good time at the camp (**site**) in the mountains.
私たちは山のキャンプ場で楽しい時間を過ごした。

0238 I have an (**appointment**) with the dentist at three.
3時に歯医者の予約を入れているんです。

0239 He had no other (**choice**) but to follow his boss.
彼には上司に従う以外の選択肢がなかった。

0240 The student had to make her (**selection**) of a career.
その学生は職業の選択をしなければならなかった。

0241 The Internet was an (**invention**) of the 20th century.
インターネットは20世紀の発明品である。

0242 The (**economy**) of the world is changing for the worse.
世界の経済が悪いほうに変化しようとしている。

0243	**economics** [ì:kənά:mɪks]	名 [経済学] 形 economic 経済の 形 economical 経済的な、お得用の
0244	**charity** [tʃǽrəti]	名 [慈善、思いやり]
0245	**fault** [fɔ́:lt]	名 [責任、欠点]
0246	**explanation** [èksplənéɪʃən]	名 [説明] 動 explain 説明する
0247	**decision** [dɪsíʒən]	名 [決定] 他 decide 決定する、決心する 形 decisive 決定的な
0248	**detail** [dí:teɪl]	名 [詳細] 熟 in detail 詳しく
0249	**sensation** [senséɪʃən]	名 [感覚]
0250	**income** [ínkʌm]	名 [収入] 名 outgo 支出 名 expenditure 支出
0251	**danger** [déɪndʒər]	名 [危険] 熟 be in danger 危険な状況である 形 dangerous 危険な
0252	**period** [píəriəd]	名 [期間]
0253	**term** [tə́:rm]	名 [期間、用語] 熟 in terms of~ ～の観点からすると

0243 He majored in (**economics**) at his university.
彼は大学で経済学を専攻していた。

0244 She donates a little money to a (**charity**) organization.
彼女は慈善団体に少額の寄付をしている。

0245 There is no one that doesn't have any (**faults**).
欠点がまったくない人などいない。

0246 I was impressed by the professor's clear (**explanation**).
私はその教授のわかりやすい説明に感銘を受けた。

0247 She came to the (**decision**) to accept his proposal.
彼女は彼のプロポーズを受け入れようという決意に至った。

0248 We want to know the (**details**) about the traffic accident.
私たちはその交通事故に関する詳細を知りたいのです。

0249 She felt the (**sensation**) of fear to hear of the invasion.
彼女は侵略のことを聞いて恐怖感を覚えた。

0250 I can't afford a new car with my low (**income**).
私の少ない収入では新車を買う余裕はありません。

0251 There is a lot of (**danger**) in mountaineering in winter.
冬の登山には危険がたくさんある。

0252 She has been studying in London for a short (**period**).
彼女はロンドンに短期留学をしている。

0253 The situation will turn worse in the long (**term**).
状況は長期的にはもっと悪くなるだろう。

0254	**ability** [əbíləti]	名 [能力] 形 able 能力がある　動 enable ～を可能にする 名 capacity 能力
0255	**theory** [θí:əri]	名 [理論、説] 形 theoretical 理論的な、理論上の
0256	**position** [pəzíʃən]	名 [位置]
0257	**movement** [mú:vmənt]	名 [動き] 動 move 動く、引っ越す、感動させる
0258	**motion** [móuʃən]	名 [動き] 熟 in motion 動いている
0259	**insect** [ínsekt]	名 [昆虫] 名 worm 線虫
0260	**fee** [fí:]	名 [料金、入場料、授業料]
0261	**fare** [féər]	名 [運賃]
0262	**lawyer** [lɔ́:jər]	名 [弁護士]
0263	**device** [dɪváɪs]	名 [装置]
0264	**resident** [rézɪdənt]	名 [居住者]

0254 He came to show his tremendous (**ability**) in composition.
彼はものすごい作曲の能力を見せるようになった。

0255 They announced a new (**theory**) of the origin of life.
彼らは生命の起源に関する新しい理論を発表した。

0256 Put back your chair to the right (**position**).
いすを正しい位置に戻してください。

0257 She followed the (**movement**) of the star for a long time.
彼女は長い間その星の動きを追っていた。

0258 Newton's laws of (**motion**) were widely accepted.
ニュートンの運動の法則は広く受け入れられた。

0259 Fabre devoted his whole life to the study of (**insects**).
ファーブルは昆虫の研究に全人生を捧げた。

0260 This zoo charges a small entrance (**fee**).
この動物園は少額の入場料をいただいております。

0261 How much is the bus (**fare**) from here to Kyoto?
ここから京都までのバス代はいくらですか？

0262 The (**lawyer**) advised me not to talk to him directly.
弁護士が私に彼と直接話をしないよう助言した。

0263 A mobile phone is a useful (**device**) but is too expensive.
携帯電話は便利な装置だけど高すぎるんだよ。

0264 The (**residents**) take out their garbage on Thursday.
住人は木曜日にゴミを出しています。

0265	**stress** [strés]	名 [ストレス、強調]
0266	**crop** [krά:p]	名 [農作物]
0267	**agriculture** [ǽgrɪkʌ̀ltʃər]	名 [農業] 形 agricultural 農業の
0268	**lack** [lǽk]	名 [不足] 熟 for lack of~ ～不足のせいで
0269	**shortage** [ʃɔ́:rtɪdʒ]	名 [不足] 熟 run short of~ ～が不足する 熟 be short of~ ～が不足している
0270	**millionaire** [mɪ̀ljənéər]	名 [百万長者] 名 million 百万 熟 millions of~ 何百万もの～
0271	**author** [ɔ́:θər]	名 [著者]
0272	**conversation** [kὰ:nvərséɪʃən]	名 [会話]
0273	**decade** [dékeɪd]	名 [10年間]
0274	**role** [róul]	名 [役割] 熟 play a role in~ ～で役割を果たす
0275	**fear** [fíər]	名 [恐怖] 熟 for fear of~ ～を恐れて、～ではないかと恐れて

0265 Modern people tend to suffer from too much (**stress**).
現代人は過剰なストレスに苦しむ傾向がある。

0266 They gather their (**crops**) twice a year at the farm.
その農場では年に 2 回作物を収穫する。

0267 My parents have been engaged in (**agriculture**).
私の両親は農業に従事しています。

0268 We have to stock some water in case of a (**lack**) of rain.
雨不足の場合に備えて水を蓄えておかなければならない。

0269 They faced a (**shortage**) of food after the disaster.
彼らは災害の後、食糧不足に直面した。

0270 Can this lottery ticket make me a (**millionaire**)?
この宝くじが私を百万長者にしてくれるかな？

0271 Soseki is the (**author**) of many literary works.
漱石はたくさんの文学作品の著者である。

0272 We had a (**conversation**) about the school excursion.
私たちは遠足について会話をした。

0273 Japan has enjoyed (**decades**) of economic success.
日本は数十年にわたる経済的成功を享受してきた。

0274 Beavers play an important (**role**) in ecosystem.
ビーバーは生態系において重要な役割を果たしている。

0275 There is no (**fear**) that can't be overcome.
克服できない恐怖などない。

0276	**item** [áɪtəm]	名 [品目、項目]
0277	**agency** [éɪdʒənsi]	名 [代理店]
0278	**agent** [éɪdʒənt]	名 [代理人]
0279	**policy** [pάːləsi]	名 [政策、方針] 名 politician 政治家 名 politics 政治、政治学
0280	**forecast** [fɔ́ːrkæ̀st]	名 [予報] 名 weather forecast 天気予報
0281	**broadcast** [brɔ́ːdkæ̀st]	名 [放送]
0282	**article** [άːrtɪkl]	名 [記事]
0283	**lecture** [léktʃər]	名 [講義]
0284	**responsibility** [rɪspὰːnsəbíləti]	名 [責任] 熟 be responsible for~ ～に対して責任がある
0285	**opportunity** [ὰːpərt(j)úːnəti]	名 [機会]
0286	**occasion** [əkéɪʒən]	名 [機会、場合] 副 occasionally ときどき 熟 on occasion ときどき

0276 The grocery store deals with only imported (**items**).
その食料品店は輸入商品しか扱っていない。

0277 The travel (**agency**) recommends several sites to visit.
旅行代理店が訪れるべき場所をいくつか推薦してくれている。

0278 My father works for an insurance (**agent**) in Tokyo.
父は東京にある保険代理店に勤めています。

0279 Needless to say, honesty is the best (**policy**).
言うまでもなく、正直は最善の策である。

0280 The weather (**forecast**) says that it will clear up soon.
天気予報は間もなく晴れると伝えている。

0281 Many people enjoyed his live (**broadcast**) on TV.
たくさんの人がテレビで彼の生放送を楽しんだ。

0282 She was surprised at the (**article**) about the actor.
彼女はその俳優の記事を読んで驚いた。

0283 Shall we attend the (**lecture**) on AI this weekend?
今週末の人工知能に関する講演会に出席しましょうか？

0284 I will take full (**responsibility**) if anything occurs.
もし何かあったら私が全責任を負います。

0285 At last she got an (**opportunity**) to study abroad.
ついに彼女は留学する機会を得た。

0286 Don't make a fuss and stay calm on such an (**occasion**).
そういう場合には、騒がず落ち着いていなさい。

0287	**operation** [ὰ:pəréɪʃən]	名 [操作、手術]
0288	**operator** [á:pərèɪtər]	名 [操作員] 動 operate 操作する
0289	**bill** [bíl]	名 [請求書、請求金額、紙幣]
0290	**cash** [kǽʃ]	名 [現金] 熟 in cash 現金で、現金払いで
0291	**object** [á:bdʒɪkt]	名 [物体]　動 [反対する] 名 objection 反対 熟 object to~ ～に反対する
0292	**career** [kəríər]	名 [経歴、職業]
0293	**countryside** [kʌ́ntrisàɪd]	名 [田舎]
0294	**account** [əkáunt]	名 [説明、口座] 熟 on account of~ ～の理由で
0295	**feature** [fí:tʃər]	名 [特徴]
0296	**image** [ímɪdʒ]	名 [映像、イメージ] 動 imagine 想像する　形 imaginative 想像力のある 形 imaginable 想像できる
0297	**knowledge** [ná:lɪdʒ]	名 [知識] 熟 to the best of one's knowledge ～の知る限りでは

0287 The (**operation**) performed on his heart was successful.
彼の心臓に対して行われた手術は成功した。

0288 The mistake of the (**operator**) caused the accident.
その操作員のミスが事故を引き起こした。

0289 He insisted that I should pay the (**bill**).
彼は私がそのお勘定を支払うことを要求した。

0290 You should pay not by credit card but in (**cash**).
クレジットカードではなく現金でお支払いください。

0291 He (**objected**) to being treated like a child.
彼は子どもみたいな扱い方をされることに反対した。

0292 He started his (**career**) as a lawyer at the age of thirty.
彼は 30 歳のときに弁護士としての職業を始めた。

0293 I would like to live an easygoing life in the (**countryside**).
田舎で気楽な生活がしたいと思っています。

0294 Give me a detailed (**account**) of the traffic accident.
その交通事故について詳しく説明してください。

0295 Loneliness is a significant (**feature**) of modern life.
孤独は現代生活の顕著な特徴である。

0296 Press this button and you can get the (**image**) printed.
このボタンを押せばその画像を印刷できますよ。

0297 We are short on professional (**knowledge**) about AI.
私たちには人工知能に関する専門知識が足りない。

0298	**sympathy** [símpəθi]	名 [同情、共感] 動 sympathize 同情する、共感する
0299	**element** [éləmənt]	名 [要素] 形 elementary 初歩的な
0300	**essence** [ésns]	名 [本質] 形 essential 本質的な
0301	**sum** [sʌ́m]	名 [合計、金額]
0302	**era** [íərə]	名 [時代]
0303	**democracy** [dımɑ́:krəsi]	名 [民主主義] 形 democratic 民主主義的な 名 democrat 民主主義者
0304	**orbit** [ɔ́:rbət]	名 [軌道]
0305	**angle** [ǽŋgl]	名 [角度]
0306	**caution** [kɔ́:ʃən]	名 [用心] 形 cautious 用心深い
0307	**obstacle** [ɑ́:bstəkl]	名 [障害、障害物]
0308	**habit** [hǽbıt]	名 [(個人的な)習慣、癖] 熟 be in the habit of -ing ～する癖がある

0298 We feel great (**sympathy**) for the losing team.
我々は負けたチームにすごく同情している。

0299 Satisfaction is an important (**element**) of life.
満足は人生の重要な要素である。

0300 What is the (**essence**) of a democratic society?
民主主義社会の本質は何ですか？

0301 Has he spent such a big (**sum**) of money on gambling?
彼はそんな多額のお金をギャンブルにつぎこんだの？

0302 What kind of (**era**) will the information society bring?
情報社会はどんな時代をもたらすことになるのだろうか。

0303 The essence of (**democracy**) lies in freedom of speech.
民主主義の本質は言論の自由にある。

0304 The satellite may go out of its (**orbit**) and fall.
人工衛星が軌道からそれて落下するかもしれない。

0305 Different people view problems from different (**angles**).
人によって異なった角度から問題を眺める。

0306 You should cross the bridge with great (**caution**).
あなたはその橋をとても用心して渡るべきだ。

0307 There are no (**obstacles**) at all to our marriage.
僕たちの結婚には何の障害もない。

0308 He is in the (**habit**) of jogging before breakfast.
彼は朝食前にジョギングをする習慣がある。

0309	**welfare** [wélfèər]	名 [幸福、福祉]
0310	**leisure** [lí:ʒər]	名 [余暇] 形 leisurely ゆったりとした
0311	**burden** [bə́:rdn]	名 [負担、重荷]
0312	**defense** [dɪféns]	名 [防御] 動 defend 防御する
0313	**conception** [kənsépʃən]	名 [概念、観念]
0314	**shape** [ʃéɪp]	名 [形] 熟 be in shape 健康である
0315	**problem** [prá:bləm]	名 [問題、問題点]
0316	**energy** [énərdʒi]	名 [エネルギー、活力] 形 energetic 元気な、活発な
0317	**ocean** [óʊʃən]	名 [海、海洋]
0318	**dolphin** [dá:lfɪn]	名 [イルカ]
0319	**whale** [(h)wéɪl]	名 [鯨]

0309 Britain is famous for its excellent social (**welfare**).
イギリスは優れた社会福祉で有名だ。

0310 (**Leisure**) activities contribute to mental wellbeing.
レジャー活動は精神的な健康に貢献します。

0311 Making a box lunch is a (**burden**) on mothers.
弁当を作ることは母親たちの負担である。

0312 We don't allow any violence unless it is self-(**defense**).
自己防衛でない限り、いかなる暴力も認めません。

0313 He had no (**conception**) that telling lies was wrong.
彼には嘘をつくことが間違っているという概念がなかった。

0314 The (**shape**) of Italy looks like a boot.
イタリアの形は長靴のように見える。

0315 The (**problem**) is that my wife won't listen to me.
問題は妻が私の言うことを聞こうとしないことだ。

0316 The principal's words were full of (**energy**).
校長先生の言葉は活力にあふれていた。

0317 The Pacific is one of the world's five great (**oceans**).
太平洋は世界五大洋の一つである。

0318 (**Dolphins**) are swimming side by side with our boat.
イルカが僕たちのボートに並んで泳いでいる。

0319 The blue (**whale**) is the world's biggest mammal.
シロナガスクジラは世界最大のほ乳類です。

0320	**value** [vǽlju:]	名 [価値、(values で) 価値観] 形 valuable 価値のある 形 valueless 価値のない
0321	**environment** [ɪnváɪərnmənt]	名 [環境] 形 environmental 環境の
0322	**passenger** [pǽsəndʒər]	名 [乗客]
0323	**path** [pǽθ]	名 [小道、通り道]
0324	**quarrel** [kwɔ́:rəl]	名 [口論、口喧嘩]
0325	**benefit** [bénəfɪt]	名 [利益] 熟 benefit from~ ～から利益を得る　形 beneficial 有益な　熟 be beneficial to~ ～に有益である
0326	**statement** [stéɪtmənt]	名 [声明]
0327	**ingredient** [ɪngrí:diənt]	名 [材料、成分]
0328	**process** [prá:ses]	名 [過程]　動 [処理する]
0329	**surgery** [sə́:rdʒəri]	名 [手術]
0330	**facility** [fəsíləti]	名 [施設、設備]

0320 I have no idea how much (**value**) this painting has.
この絵がどれくらいの価値を持つのか私にはわからない。

0321 The destruction of the (**environment**) is a serious issue.
環境破壊は深刻な問題である。

0322 Our mission is to take (**passengers**) to their destination.
我々の任務は、乗客を目的地まで連れて行くことだ。

0323 What (**path**) should human beings take in the future?
この先、人類はどのような道をたどるべきなのだろうか？

0324 We often make (**quarrels**) but always make up quickly.
私たちはよく口論をするがいつもすぐに仲直りする。

0325 We can enjoy the great (**benefits**) of AI technology.
我々は人工知能の技術の大きな恩恵を享受できている。

0326 The president read a brief (**statement**).
大統領が短い声明を読み上げた。

0327 Would you tell me the (**ingredients**) of this cake?
このケーキの材料を教えてくれない？

0328 A house like a castle is in the (**process**) of construction.
お城のような家が建設されている途中だ。

0329 The patient needs (**surgery**) on one of her knees.
その患者は一方の膝の手術を受ける必要がある。

0330 There is a big medical (**facility**) in my neighborhood.
うちの近所に大きな医療施設がある。

0331	**regular** [régjələr]	形 [通常の、定期的な] 副 regularly 規則正しく 形 irregular 不規則な、不定期の
0332	**brave** [bréɪv]	形 [勇敢な]
0333	**global** [glóʊbl]	形 [地球上の] 名 globe 地球
0334	**favorite** [féɪvərət]	形 [お気に入りの、大好きな]
0335	**original** [ərídʒənl]	形 [元の] 副 originally 元々は、最初は 名 origin 起源
0336	**delicious** [dɪlíʃəs]	形 [おいしい]
0337	**helpful** [hélpfl]	形 [役に立つ] 形 helpless 頼りない
0338	**final** [fáɪnl]	形 [最後の] 副 finally ついに、とうとう
0339	**daily** [déɪli]	形 [日常の]
0340	**modern** [má:dərn]	形 [近代の] 動 modernize 近代化する 名 modernization 近代化
0341	**scientific** [sàɪəntífɪk]	形 [科学の] 名 science 科学

0331 You should do (**regular**) exercise and lose weight.
定期的に運動をして体重を減らすべきだよ。

0332 Not only boys but also girls love (**brave**) heroes.
男の子だけでなく女の子も勇敢なヒーローが大好きだ。

0333 They are studying the cause of (**global**) warming.
彼らは地球温暖化の原因を研究している。

0334 Tell me the title of your (**favorite**) song.
あなたのお気に入りの歌のタイトルを私に教えて。

0335 We had followed the (**original**) plan, but it was changed.
我々は元の計画に従っていたのだが、それは変更になった。

0336 Do you eat such (**delicious**) meals every day?
毎日こんなにおいしいご飯を食べているの？

0337 Knowing how to survive is (**helpful**) in an emergency.
生き延びる方法を知っていると、緊急事態時に役立つ。

0338 We have to make the (**final**) decision about the matter.
我々がその件に関して最終決定を下さなければならない。

0339 This word is frequently used in (**daily**) conversation.
この単語は日常会話で頻繁に使われます。

0340 World peace is pursued in the (**modern**) world.
現代世界では世界平和が追求されている。

0341 We will do more (**scientific**) research on global warming.
私たちは地球温暖化をもっと科学的に調査するつもりだ。

0342	**prime** [práɪm]	形 [主要な、最高の] 名 prime minister 総理大臣
0343	**electric** [ɪléktrɪk]	形 [電気の] 形 electrical 電気の 名 electricity 電気
0344	**major** [méɪdʒər]	形 [主要な] 名 majority 大多数　熟 major in~ ～を専攻する 形 minor 取るに足りない
0345	**available** [əvéɪləbl]	形 [利用できる、入手できる]
0346	**likely** [láɪkli]	形 [～しそうな] 熟 be likely to~ ～しそうである 形 unlikely ありそうにない
0347	**unhealthy** [ʌnhélθi]	形 [不健康な]
0348	**recent** [rí:snt]	形 [最近の]
0349	**successful** [səksésfl]	形 [成功した] 名 success 成功 熟 succeed in~ ～に成功する
0350	**unwanted** [ʌnwá:ntɪd]	形 [不必要な、望まれない]
0351	**past** [pǽst]	形 [過去の] 熟 in the past 過去において
0352	**various** [véəriəs]	形 [さまざまな] 熟 a variety of~ さまざまな

0342 Our (**prime**) goal is to try to contribute to society.

我々の主要な目標は社会に貢献しようとすることである。

0343 The government is promoting (**electric**) cars.

政府が電気自動車を促進している。

0344 He was finally assigned a (**major**) role in the opera.

彼はついにそのオペラで主役を割り当ててもらった。

0345 Various kinds of wine is (**available**) at the shop.

その店では、さまざまな種類のワインが手に入る。

0346 It is (**likely**) that she will come late again.

彼女はまた遅刻しそうだ。

0347 He is always eating too many (**unhealthy**) snacks.

彼はいつも体に悪いおやつをたくさん食べてばかりいる。

0348 We are tired of the (**recent**) rises in prices.

最近の物価上昇にはもううんざりだよ。

0349 His trial for reaching the summit was (**successful**).

彼の登頂の試みは成功した。

0350 She received an (**unwanted**) gift from her relative.

彼女は親戚からほしくない贈り物を受け取った。

0351 Don’t worry about your (**past**) failures.

過去の失敗をくよくよしていちゃダメだよ。

0352 The collector has (**various**) kinds of glasses at home.

その収集家は、家にさまざまな種類のグラスを持っている。

0353	**medical** [médɪkl]	形 [医学の] 名 medicine 薬、医学
0354	**unfair** [ʌnféər]	形 [不公平な]
0355	**chemical** [kémɪkəl]	形 [化学の] 名 chemistry 化学
0356	**extra** [ékstrə]	形 [余分の、追加の]
0357	**certain** [sə́:rtn]	形 [たしかな、ある〜] 熟 for certain たしかに
0358	**confident** [kɑ́:nfədənt]	形 [確信して] 名 confidence 信頼、自信
0359	**similar** [símələr]	形 [よく似た] 熟 be similar to~ 〜に似ている 副 similarly 同様に
0360	**serious** [síəriəs]	形 [重大な]
0361	**particular** [pərtíkjələr]	形 [特定の、特にその] 熟 in particular 特に 副 particularly 特に 熟 be particular about~ 〜について好みがうるさい
0362	**valuable** [vǽljuəbl]	形 [価値のある] 名 value 価値 形 valueless 価値のない 形 invaluable 非常に価値のある
0363	**harmful** [hɑ́:rmfl]	形 [有害な] 動 harm 害を与える 形 harmless 無害な

0353 Many nurses are engaged in (**medical**) activities there.
たくさんの看護師がそこで医療活動に携わっている。

0354 Some women still receive (**unfair**) treatment at work.
職場で不公平な扱いを受けている女性がまだいる。

0355 Using (**chemical**) weapons is prohibited by law.
化学兵器を使用することは法律で禁止されている。

0356 Naturally, we demand (**extra**) pay for extra work.
当然ながら、余分な仕事に対する追加の支払いを要求します。

0357 She was (**certain**) that her son would come back safe.
彼女は息子が無事に帰ってくると確信していた。

0358 He was (**confident**) that he would pass the exams.
彼は試験に合格することに自信を持っていた。

0359 This sweater is (**similar**) to mine in color.
このセーターは色が僕のに似ている。

0360 The typhoon did (**serious**) damage to the area.
台風がその地域に深刻な被害をもたらした。

0361 I chose this (**particular**) computer for a certain reason.
私はある理由により、特にこのコンピュータを選びました。

0362 The journey to Phuket gave me (**valuable**) experiences.
プーケットへの旅行が私に貴重な経験を与えてくれた。

0363 We have to remove (**harmful**) substances.
私たちは有害物質を取り除かなければならない。

0364	**official** [əfíʃəl]	形 [公式の]
0365	**due** [d(j)úː]	形 [予定である] 熟 due to~ ～が原因で
0366	**unusual** [ʌnjúːʒuəl]	形 [普通でない] 形 usual いつもの、ふだんの
0367	**ordinary** [ɔ́ːrdənèri]	形 [普通の]
0368	**impossible** [impáːsəbl]	形 [不可能な] 形 possible 可能な 名 possibility 可能性
0369	**worse** [wə́ːrs]	形 [より悪い] ※badやillの比較級
0370	**worst** [wə́ːrst]	形 [最も悪い] ※badやillの最上級
0371	**ancient** [éɪnʃənt]	形 [古代の]
0372	**severe** [sɪvíər]	形 [厳しい]
0373	**strict** [stríkt]	形 [厳しい] 副 strictly 厳しく 熟 strictly speaking 厳密に言うと
0374	**accurate** [ǽkjərət]	形 [正確な] 名 accuracy 正確さ

0364 There seems to be an (**official**) announcement tonight.
今夜、公式発表があるようだ。

0365 The express train is (**due**) to arrive on schedule.
急行列車は予定通り到着します。

0366 We can't stand this (**unusual**) weather anymore.
この異常気象にはこれ以上耐えられません。

0367 Many people don't realize that (**ordinary**) life is great.
普通の生活が素晴らしいということに気づいていない人が多い。

0368 It was (**impossible**) for me to solve that math problem.
私がその数学の問題を解くのは不可能でした。

0369 Things are getting (**worse**) day by day.
状況は日に日にもっと悪くなっている。

0370 This is the (**worst**) experience we have ever had.
これは私たちが今までにした中で最悪の経験です。

0371 There are a lot of (**ancient**) buildings in Rome.
ローマには古代建築物がたくさんある。

0372 She has been suffering from a (**severe**) headache.
彼女は激しい頭痛に苦しんでいる。

0373 A spider is not an insect in the (**strict**) sense.
厳密な意味において、クモは昆虫ではない。

0374 The information she gave us was not (**accurate**) at all.
彼女が私たちに教えてくれた情報はまったく正確ではなかった。

0375	**environmental** [ɪnvàɪərnméntl]	形 [環境の] 名 environment 環境　副 environmentally 環境上 名 environmentalist 環境保護主義者
0376	**normal** [nɔ́:rml]	形 [標準の、普通の] 形 abnormal 異常な
0377	**current** [kə́:rənt]	形 [現在の] 副 currently 現在は 名 currency 通貨
0378	**noisy** [nɔ́ɪzi]	形 [騒がしい] 名 noise 音、雑音
0379	**unique** [ju(:)ní:k]	形 [独特の]
0380	**artificial** [à:rtəfíʃəl]	形 [人工の] 名 artificial satellite 人工衛星 形 artistic 美術の、芸術の
0381	**efficient** [ɪfíʃənt]	形 [効率的な] 名 efficiency 能率、効率 副 efficiently 効率的に
0382	**sufficient** [səfíʃənt]	形 [十分な量の、足りる]
0383	**permanent** [pə́:rmənənt]	形 [永遠の]
0384	**delicate** [délɪkət]	形 [繊細な、精密な]
0385	**brilliant** [bríljənt]	形 [光り輝く、素晴らしい]

0375 We have to prevent (**environmental**) destruction.
環境破壊を防がなければならない。

0376 It is (**normal**) for you to get angry at his remark.
あなたが彼の発言に腹を立てるのは普通のことです。

0377 He has difficulty following (**current**) topics on politics.
彼は政治に関する現在の話題についていくのに苦労している。

0378 It was so (**noisy**) that I couldn't hear my teacher.
とてもうるさくて、私は先生の言うことが聞こえなかった。

0379 She couldn't accept his (**unique**) personality.
彼女は彼の独特の性格を受け入れることができなかった。

0380 How many (**artificial**) satellites are flying now?
今いくつの人工衛星が飛んでいるの？

0381 The (**efficient**) use of natural resources is important.
天然資源を効率よく利用することが大切である。

0382 Do you have (**sufficient**) food in case of a disaster?
災害の場合に備えて十分な食料がありますか？

0383 They seemed to have got (**permanent**) happiness.
彼らは永遠の幸福を手に入れたようだった。

0384 She is trying to change her (**delicate**) character.
彼女は自分の繊細な性格を変えようとしている。

0385 Your diligence will bring you a (**brilliant**) future.
あなたの勤勉さが、あなたに輝かしい未来をもたらすだろう。

0386	**voluntary** [vá:ləntèri]	形 [自発的な]
0387	**concrete** [ká:nkrí:t]	形 [具体的な] 形 abstract 抽象的な
0388	**guilty** [gílti]	形 [有罪の、罪深い] 名 guilt 罪、有罪
0389	**innocent** [ínəsənt]	形 [無罪の、無邪気な] 名 innocence 無罪、無実
0390	**eager** [í:gər]	形 [熱心な、切望している] 熟 be eager to~ ～することを切望している
0391	**instant** [ínstənt]	形 [即座の、その場ですぐの]
0392	**huge** [hjú:dʒ]	形 [巨大な] 形 tiny ちっぽけな
0393	**giant** [dʒáɪənt]	形 [巨大な]
0394	**enormous** [ɪnɔ́:rməs]	形 [巨大な]
0395	**rare** [réər]	形 [まれな] 副 rarely めったに～ない
0396	**human** [hjú:mən]	形 [人間の、人類の] 名 human 人間 形 humane 慈悲深い

0386 We should make a (**voluntary**) contribution to society.
我々は社会に自発的な貢献をするべきである。

0387 Without (**concrete**) plans, we can't agree or disagree.
具体的な計画がないと、賛成も反対もできません。

0388 My brother is the last person to be (**guilty**).
兄は罪を犯すような人ではありません。

0389 I am always healed by the smile of (**innocent**) children.
無邪気な子どもの笑顔にはいつも癒やされるよ。

0390 She is (**eager**) to be recognized globally as a designer.
彼女はデザイナーとして世界レベルで認められることを切望している。

0391 He asked me to give him an (**instant**) reply.
彼は私にその場ですぐ返事をするように頼んだ。

0392 They made a (**huge**) profit by selling smartphones.
彼らはスマホを売って莫大な利益を上げた。

0393 Broadcasting movies is becoming a (**giant**) business.
動画を放送することが巨大ビジネスになろうとしている。

0394 She built an (**enormous**) wealth through the Internet.
彼女はインターネットを使って莫大な財産を築いた。

0395 He got a (**rare**) opportunity to travel to Antarctica.
彼は南極大陸に旅行するという、めったにない機会を手に入れた。

0396 That politician promised to protect (**human**) rights.
あの政治家は人権を守ると約束した。

0397	**correctly** [kəréktli]	副 [正確に] 形 correct 正確な
0398	**exactly** [ɪgzǽktli]	副 [正確に] 形 exact 正確な
0399	**gradually** [grǽdʒuəli]	副 [徐々に] 形 gradual 徐々に起こる
0400	**rather** [rǽðər]	副 [むしろ] 熟 rather than~ ～よりはむしろ 熟 would rather~ むしろ～したいものである
0401	**nearby** [níərbái]	副 [近くに]
0402	**nearly** [níərli]	副 [ほとんど] 副 almost ほとんど
0403	**barely** [béərli]	副 [かろうじて]
0404	**simply** [símpli]	副 [単に] 熟 simply not~ どうしても～ない 形 simple 単純な
0405	**eventually** [ɪvéntʃuəli]	副 [結局は]
0406	**indeed** [ɪndíːd]	副 [たしかに]
0407	**surely** [ʃúərli]	副 [たしかに] 形 sure たしかな、自信のある

0397 Learn the meanings of those words by heart (**correctly**).
それらの単語の意味を正確に暗記しなさい。

0398 He passes by my house at (**exactly**) 7 a.m.
彼は、正確に午前 7 時に私の家を通り過ぎる。

0399 He was (**gradually**) getting used to his new life there.
彼は徐々にそこでの新しい暮らしに慣れてきていた。

0400 He is a grown-up child (**rather**) than an adult.
彼は大人というよりも大きくなった子どもだ。

0401 Is there any nice restaurants (**nearby**)?
近くにどこかおいしいレストランはありますか？

0402 He is (**nearly**) always with his wife.
彼はほとんどいつも奥さんと一緒にいる。

0403 She could (**barely**) afford to buy some bread.
彼女はかろうじて、パンを買う余裕があった。

0404 Don't despise a man (**simply**) because he is poor.
ただ貧乏だからというだけで、人を軽蔑してはいけない。

0405 He (**eventually**) came close to winning the victory.
彼はついに勝利を勝ち取りそうなところまできた。

0406 My grandparents are (**indeed**) generous to me.
祖父母は本当に私に寛大なの。

0407 (**Surely**) he has behaved badly.
たしかに彼の振る舞いはひどかった。

0408	**definitely** [défənətli]	副 [たしかに] 熟 define A as B AをBと定義する、明確にする 名 definition 定義
0409	**differently** [dífərəntli]	副 [違って] 熟 be different from~ ～と異なる 名 difference 違い
0410	**newly** [n(j)ú:li]	副 [新たに、最近]
0411	**lately** [léɪtli]	副 [最近] 形 latest 最新の
0412	**directly** [dəréktli]	副 [直接的に] 名 direction 方向 形 direct 直接の　動 指示する
0413	**mainly** [méɪnli]	副 [主に] 形 main 主な、主要な
0414	**perhaps** [pərhǽps]	副 [ひょっとすると]
0415	**throughout** [θruáut]	前 [～のあいだじゅう、～の至るところで] 熟 all over~ ～の至るところに
0416	**despite** [dɪspáɪt]	前 [～にもかかわらず] 熟 in spite of~ ～にもかかわらず
0417	**within** [wɪðín]	前 [～以内に]
0418	**neither** [ní:ðər]	副 [どちらも～でない] 熟 neither A nor B AもBも～ない

0408 I (**definitely**) remember putting my purse here.
ここに財布を置いたのを、たしかに覚えてます。

0409 She says he is a liar but I think (**differently**).
彼女は彼が嘘つきだと言うが、私は違うと思う。

0410 We will research the (**newly**) discovered star.
私たちは新しく見つかった恒星を調査するつもりです。

0411 It is getting warmer and warmer (**lately**).
最近、だんだんあたたかくなってきたね。

0412 We have few opportunities to talk to him (**directly**).
私たちは彼と直接話す機会がほとんどないんだ。

0413 Their discussion (**mainly**) focused on world peace.
彼らの議論は、主に世界平和に焦点が当てられていた。

0414 (**Perhaps**) you mistook me for my brother.
ひょっとすると、あなたは僕を兄と間違えたのでしょう。

0415 Our products are selling well (**throughout**) the world.
我々の製品は世界中でよく売れている。

0416 (**Despite**) his old age, my grandfather is quite well.
老齢であるにもかかわらず、祖父は実に健康だ。

0417 You have to hand in your report (**within**) three days.
あなたは3日以内に報告書を提出しなくてはならない。

0418 He demanded (**neither**) money nor advice.
彼はお金も助言も要求しなかった。

0419	**although** [ɔ:lðóu]	接 [〜だけれども] 接 though 〜だけれども
0420	**might** [máɪt]	助 [〜してもよい、〜かもしれない]
0421	**whenever** [hwenévər]	接 [〜するときはいつでも]　熟 every time SV~ 〜するときはいつも　熟 each time SV~ 〜するときはいつも　熟 no matter when SV いつ〜しようとも
0422	**wherever** [hweərévər]	接 [〜するところはどこでも] 熟 no matter where SV どこで〜しようとも
0423	**unless** [ənlés]	接 [もし〜でなければ]
0424	**beyond** [bɪ(j)à:nd]	前 [〜を超えて] 熟 beyond description 言葉では言い表せない
0425	**approximately** [əprá:ksəmətli]	副 [およそ、約]
0426	**however** [hauévər]	副 [しかしながら]
0427	**certainly** [sə́:rtnli]	副 [たしかに] 形 certain たしかな、自信のある
0428	**finally** [fáɪnəli]	副 [ついに、とうとう、結局] 熟 at last ついに、とうとう、結局 熟 in the end ついに、とうとう、結局
0429	**worth** [wə́:rθ]	前 [価値がある] 熟 be worth -ing 〜する価値がある 形 worthwhile 価値がある

0419 (**Although**) it was raining hard, he left home on time.
雨が強かったけれど、彼は時間通りに家を出た。

0420 You (**might**) be able to see her if she is well enough.
もし彼女が十分に元気なら、会えるかもしれないよ。

0421 (**Whenever**) I come here, I remember my old friends.
ここに来ると、いつも昔からの友だちを思い出す。

0422 She follows her boss (**wherever**) he goes.
彼女は上司が行くところはどこにでもついて行く。

0423 Attend the party tonight (**unless**) you are too busy.
忙しすぎないなら今夜のパーティーに参加しなさいよ。

0424 Her problems were (**beyond**) my control.
彼女が抱えている問題は私の手に負えなかった。

0425 There are (**approximately**) 500 students in our school.
私たちの学校にはおよそ 500 人の学生がいる。

0426 He promised to come. (**However**), he didn't show up.
彼は来ると約束した。しかしながら、彼は姿を見せなかった。

0427 (**Certainly**) he has some faults, but he is a good guy.
たしかに彼には欠点もいくつかあるが、いいやつだ。

0428 She (**finally**) got to her hometown and met her parents.
彼女はついに故郷に着いて両親と会った。

0429 This novel is (**worth**) reading many times.
この小説は何度も読むだけの価値がある。

0430	**alone** [əlóʊn]	副 [ひとりで、単独で]
0431	**maybe** [méɪbi]	副 [たぶん]
0432	**either** [íːðər]	副 [(2つのうち) どちらか、どちらでも] 熟 either A or B AかBのどちらか
0433	**both** [bóʊθ]	副 [(2つのうち) 両方] 熟 both A and B AもBも両方とも
0434	**unfortunately** [ʌnfɔ́ːrtʃənətli]	副 [不運にも、残念ながら] 副 fortunately 幸運にも 名 fortune 運、財産
0435	**moreover** [mɔːróʊvər]	副 [さらに] 副 additionally さらに 熟 in addition さらに
0436	**furthermore** [fə́ːrðərmɔ̀ːr]	副 [さらに] 形 further より一層の
0437	**nevertheless** [nèvərðəlés]	副 [それにもかかわらず]
0438	**occasionally** [əkéɪʒənəli]	副 [ときどき]
0439	**punctually** [pʌ́ŋktʃuəli]	副 [時間通りに、時間を守って]
0440	**therefore** [ðéərfɔ̀ːr]	副 [それゆえに]

0430 He has been living (**alone**), but he enjoys his life.
彼はずっとひとり暮らしだが、人生を楽しんでいる。

0431 (**Maybe**) that disguised man is a famous musician.
たぶんあの変装している男性は有名なミュージシャンだ。

0432 You can take home (**either**) this cake or that pie.
このケーキかあのパイかどちらかを持って帰っていいよ。

0433 There are (**both**) good and bad sides to his plan.
彼の計画には良い面も悪い面も両方ある。

0434 (**Unfortunately**), your application has been declined.
残念ながら、あなたの申し込みは拒絶されました。

0435 It was very cold. (**Moreover**), it began to rain.
とても寒かった。さらに、雨まで降ってきた。

0436 (**Furthermore**), the amount of garbage was increasing.
さらに、ゴミの量は増加していた。

0437 I am exhausted. (**Nevertheless**), I have to go to work.
僕は疲れ果てている。それでも、仕事に行かなくちゃならない。

0438 I (**occasionally**) go to that sushi bar.
僕はときどき、あの寿司屋さんに行くんだ。

0439 He insisted that we should gather (**punctually**).
彼は僕たちが時間通りに集まるべきだと主張した。

0440 She overslept. (**Therefore**), she couldn't come in time.
彼女は寝すごした。だから、時間内に来ることができなかったんだ。

0441	**as if**	熟 [まるで〜のように] 熟 as though SV~ まるで〜のように
0442	**if only**	熟 [ただ〜でさえあればいいのだが] 熟 I wish SV~ 〜ならいいのだが
0443	**as far as**	熟 [〜する限り、〜まで] 熟 as long as SV~ 〜する限り、〜ほどの長いあいだ
0444	**as though**	熟 [まるで〜のように] 熟 as if SV~ まるで〜のように
0445	**in that**	熟 [〜という点において]
0446	**because of**	熟 [〜のために、〜のせいで] 熟 owing to~ 〜のせいで 熟 due to ~ 〜のせいで 熟 on account of~ 〜のせいで
0447	**according to**	熟 [〜によると] 副 accordingly それに応じて
0448	**as for**	熟 [〜に関して]
0449	**at the sight of**	熟 [〜を見て]
0450	**in need of**	熟 [〜を必要としている]
0451	**far from**	熟 [〜から遠い、〜どころではない] 熟 anything but~ 決して〜ではない

0441 She looked (**as if**) she had seen a ghost.
彼女はまるで幽霊でも見たような顔をしていた。

0442 (**If only**) I had listened to his advice then!
あのとき、彼の忠告に耳を傾けてさえいればよかったのだ！

0443 (**As far as**) I am concerned, there should be no objection.
私に関する限り、反対意見はありません。

0444 He is talking (**as though**) he knew our secret.
彼はまるで、我々の秘密を知っているかのように話している。

0445 People differ from other animals (**in that**) we use fire.
人間は火を使うという点で他の動物と異なる。

0446 The football game will be canceled (**because of**) snow.
フットボールの試合は雪のため中止になるだろう。

0447 (**According to**) a legend, there is a dragon in the lake.
伝説によると、その湖には竜がいる。

0448 (**As for**) me, I'm sorry to say that I'm not interested.
私に関しては、申し訳ないのですが興味がないのです。

0449 My daughter always runs away (**at the sight of**) a dog.
娘は犬を見るといつも逃げ出すんです。

0450 We are (**in need of**) people who are fluent in English.
私たちは英語に堪能な人を必要としています。

0451 (**Far from**) following my advice, he went his own way.
私の助言に従うどころか、彼は自分の思い通りにした。

0452	**instead of**	熟 [～の代わりに]
0453	**next to**	熟 [～のとなりに]
0454	**nothing but**	熟 [～にすぎない] 熟 no more than~ ～にすぎない
0455	**thanks to**	熟 [～のおかげで]
0456	**up to**	熟 [～まで、～次第で、～を企んで]
0457	**but for**	熟 [～がなかったら]
0458	**A such as B**	熟 [BなどのA]
0459	**give birth to**	熟 [～を産む]
0460	**in spite of**	熟 [～にもかかわらず] 前 despite ～にもかかわらず　熟 for all~ ～にもかかわらず　熟 with all~ ～にもかかわらず
0461	**in terms of**	熟 [～に関して、～の点から]
0462	**no longer**	熟 [もはや～でない]

0452 Let's go to the aquarium (**instead of**) the zoo.
動物園の代わりに水族館に行こうよ。

0453 There was a stranger sitting (**next to**) me.
私のとなりに知らない人が座っていた。

0454 What he was saying was (**nothing but**) an excuse.
彼が言っていたことは言い訳にすぎなかった。

0455 (**Thanks to**) your advice, I could solve my problem.
あなたの助言のおかげで私は問題を解決することができた。

0456 It is (**up to**) you whether you buy this land or not.
この土地を買うか買わないかはあなた次第です。

0457 (**But for**) your advice, I would have gone the wrong way.
あなたの助言がなかったら、私は間違った道を進んでいただろう。

0458 He likes countries (**such as**) Korea, China, and Japan.
彼は韓国や中国や日本などの国が好きだ。

0459 She (**gave birth to**) a healthy baby boy.
彼女は健康な男の赤ちゃんを産んだ。

0460 (**In spite of**) her wealth, she doesn't feel happy at all.
財産があるにもかかわらず、彼女はちっとも幸せだと感じていない。

0461 We should consider the matter (**in terms of**) economy.
我々は経済という観点から、その問題を考えるべきだ。

0462 My elder sister (**no longer**) depends on our parents.
姉はもはや親に頼っていません。

0463	**at the same time**	熟 [同時に]
0464	**once in a while**	熟 [たまに]
0465	**to some extent**	熟 [ある程度は] 熟 to some degree ある程度は
0466	**in short**	熟 [手短に言うと、要するに]
0467	**on time**	熟 [時間通りに] 副 punctually 時間通りに 熟 in time 間に合って
0468	**by chance**	熟 [偶然に] 熟 by accident 偶然に 副 accidentally 偶然に
0469	**as a result**	熟 [その結果]
0470	**for example**	熟 [例えば] 熟 for instance 例えば
0471	**so far**	熟 [今までのところ]
0472	**right away**	熟 [ただちに] 副 immediately 今すぐ、ただちに
0473	**in trouble**	熟 [困難な状態で]

0463 They entered the same university (**at the same time**).
彼らは同時に同じ大学に入学した。

0464 Come by (**once in a while**) and show me your face.
たまには寄って顔を見せてよ。

0465 This medicine will relieve your pain (**to some extent**).
この薬があなたの痛みをある程度和らげてくれるよ。

0466 (**In short**), I don't like your way of thinking about life.
手短に言えば、私はあなたの人生観が気に入らないのです。

0467 How many times must I tell you to come (**on time**)?
時間通りに来なさいって何回言わなくてはいけないの？

0468 A five-year child found the ancient tomb (**by chance**).
5歳の子どもが偶然古墳を発見した。

0469 The turtle walked on and (**as a result**) beat the rabbit.
カメは歩き続けて、その結果ウサギを打ち負かした。

0470 (**For example**), sushi is a typical Japanese food.
例えば、寿司が典型的な日本の食べ物です。

0471 He has written three detective stories (**so far**).
彼は今までのところ3冊の探偵小説を書いている。

0472 We have to begin to work on this matter (**right away**).
我々はただちにこの件に取り組み始めなければならない。

0473 If you are (**in trouble**), never hesitate to call me.
もし困ったら、ためらわずに私に電話しなさい。

0474	**on the other hand**	熟 [他方では]
0475	**in other words**	熟 [言い換えれば]
0476	**at least**	熟 [少なくとも] 熟 at most 最大で、せいぜい 熟 at best せいぜい、よくても～
0477	**by all means**	熟 [ぜひとも]
0478	**by no means**	熟 [決して～ない]
0479	**in vain**	熟 [無駄に] 副 vainly 無駄に
0480	**ask A to**	熟 [A に～するよう頼む]
0481	**be about to**	熟 [まさに～しようとしている] 熟 be on the point of -ing まさに～しようとしている 熟 be on the verge of -ing まさに～しようとしている
0482	**carry on**	熟 [～を続ける]
0483	**carry out**	熟 [～を実行する、行う]
0484	**come to**	熟 [意識が戻る]

0474 I was for the plan. (**On the other hand**), he was not.
私はその計画に賛成だった。一方、彼はそうではなかった。

0475 (**In other words**), he is a man we can trust.
言い換えると、彼は信頼してよい人だということだ。

0476 I would often come here (**at least**) three times a week.
少なくとも週に3回はよくここに来たなあ。

0477 Please join us for his farewell party (**by all means**).
ぜひとも彼のお別れ会に参加してください。

0478 He (**by no means**) intended to deceive her.
彼は決して彼女をだますつもりなどなかった。

0479 She ran all the way to be in time for school (**in vain**).
彼女は学校に間に合うようにずっと走ったが、無駄だった。

0480 She (**asked**) her husband (**to**) buy a new refrigerator.
彼女は夫に新しい冷蔵庫を買うように頼んだ。

0481 Our jet plane (**was about to**) take off.
僕たちの乗ったジェット機がまさに離陸しようとしていた。

0482 We (**carried on**) our study until we discovered the truth.
私たちは真実を発見するまで研究を続けた。

0483 Mr. White let his students (**carry out**) the experiment.
ホワイト先生が生徒たちに実験を行わせた。

0484 The boy lost consciousness but (**came to**) soon after.
その男の子は気絶したが、間もなく意識を取り戻した。

0485	**come up with**	熟 [～を思いつく] 熟 think of~ 思いつく、思い出す
0486	**continue to**	熟 [～し続ける] 熟 go on -ing ～し続ける
0487	**cut down**	熟 [切り倒す]
0488	**enough to**	熟 [～するのに十分な]
0489	**find out**	熟 [～を見つけ出す、理解する]
0490	**for free**	熟 [無料で] 熟 for nothing 無料で
0491	**get along**	熟 [仲良くやっていく]
0492	**get in**	熟 [乗り込む、入り込む]
0493	**get out of**	熟 [～から出る]
0494	**get rid of**	熟 [～を取り除く] 動 remove 取り除く
0495	**get to**	熟 [～に着く] 熟 arrive in[at]~ ～に着く 動 reach ～に着く、達する

0485 They (**came up with**) a new plan to attract customers.
彼らは顧客を惹きつけるための新しい計画を思いついた。

0486 He will (**continue to**) pursue his dream till the end.
彼は最後まで夢を追い続けるだろう。

0487 We have (**cut down**) too many trees recently.
我々は最近、木を切り倒しすぎている。

0488 Are you old (**enough to**) get a driver's license?
あなたは運転免許を取るのに十分な年齢ですか？

0489 We haven't (**found out**) how to achieve world peace.
我々は世界平和を達成する方法をまだ見つけ出していない。

0490 If you buy one, you can get another (**for free**).
一つ買ったら、もう一つ無料でもらえます。

0491 They have been (**getting along**) with each other.
彼らはずっとお互いと仲良くやっている。

0492 He knocked at the door three times and (**got in**).
彼はドアを 3 回ノックして入って行った。

0493 You should escape if you want to (**get out of**) danger.
危険な状況を脱したいなら逃げることだ。

0494 We will (**get rid of**) all wars throughout the world.
世界中のすべての戦争を取り除くぞ。

0495 She (**got to**) her destination and met her mother.
彼女は目的地に着いて母親と会った。

0496	**get used to**	熟 [～に慣れる] 熟 get accustomed to~ ～に慣れる
0497	**go in**	熟 [中に入る]
0498	**go on -ing**	熟 [～し続ける] 熟 continue to~ ～し続ける
0499	**go out**	熟 [外出する]
0500	**go with**	熟 [～と合う]
0501	**invite A to**	熟 [Aに～するように勧める]
0502	**learn to**	熟 [～できるようになる] 熟 come to~ ～するようになる
0503	**look forward to**	熟 [～を楽しみに待つ]
0504	**make it**	熟 [成功する、たどり着く]
0505	**make sure**	熟 [確実に～する、～をたしかめる]
0506	**make up**	熟 [～を構成する、作り上げる]

0496 I can't (**get used to**) the noisy life in this city.

私はこの都会の騒がしい生活に慣れることができない。

0497 He (**went in**) to find out the cause of the noise.

彼はその音の原因を見つけるために、中に入って行った。

0498 He will (**go on making**) efforts until he attains success.

彼は成功を収めるまで努力し続けるつもりだ。

0499 Shall we (**go out**) for shopping this weekend?

今週末買い物に出かけない？

0500 This white wine (**goes with**) fish dishes.

この白ワインは魚料理に合う。

0501 They (**invited**) us (**to**) try their new product.

彼らは僕たちに新しい製品を試してみるように勧めた。

0502 He has (**learned to**) cook Italian foods fairly well.

彼はだいぶ上手にイタリア料理を作れるようになっている。

0503 We are (**looking forward to**) seeing you tonight.

今夜あなた方と会うのを楽しみにしていますね。

0504 He tried every means to (**make it**) in business.

彼は事業で成功するためにあらゆる手段を試した。

0505 (**Make sure**) you put the right stamp on the envelope.

封筒に正しい切手を貼ったかをたしかめなさい。

0506 The symphony is (**made up**) of three parts.

その交響曲は 3 つの部分から成る。

0507	**much more**	熟 [〜はなおさら] 熟 still more~ 〜はなおさら
0508	**pick up**	熟 [〜を車で迎えに行く]
0509	**prepare for**	熟 [〜の準備をする] 名 preparation 準備
0510	**be ready to**	熟 [〜する準備ができている]
0511	**so as to**	熟 [〜するために] 熟 in order to~ 〜するために
0512	**spend A on B**	熟 [AをBに使う] 熟 spend A (in) -ing 〜してAを費やす
0513	**stop A from -ing**	熟 [Aが〜するのをやめさせる] 熟 prevent A from -ing Aが〜するのをやめさせる 熟 keep A from -ing Aが〜するのをやめさせる
0514	**stop by**	熟 [(途中で) 立ち寄る]
0515	**be supposed to**	熟 [〜することになっている]
0516	**be sure to**	熟 [必ず〜する]
0517	**talk about**	熟 [〜について話す] 動 discuss 〜を話し合う

0507 Our baby can already walk, (**much more**) stand up.
私たちの赤ちゃんはもう歩けます、立つことはなおさらできます。

0508 Dad, please (**pick**) me (**up**) at the airport.
お父さん、空港まで車で迎えに来てよ。

0509 Have you finished (**preparing for**) the school festival?
学園祭の準備はもう終わってるの？

0510 (**Are**) you (**ready to**) go skydiving?
スカイダイビングに出かける準備はできていますか？

0511 We are here (**so as to**) be helpful to you.
私たちはあなた方のお役に立つためにここにいるのです。

0512 They have (**spent**) much time and money (**on**) the plan.
彼らはその計画にたくさんの時間とお金を使ってきた。

0513 The heavy snow (**stopped**) us (**from leaving**) on time.
大雪のせいで、私たちは時間通りに出発することができなかった。

0514 You can (**stop by**) whenever it is convenient for you.
都合の良いときにはいつでも立ち寄っていいですよ。

0515 You (**are supposed to**) observe traffic rules strictly.
あなたたちは交通ルールを厳密に守ることになっている。

0516 Something good (**is sure to**) come to us in the future.
将来何か良いことがきっと私たちに起こりますよ。

0517 We (**talked about**) how to educate our son.
我々は息子の教育方法について話し合った。

0518	**thousands of**	熟 [何千もの～]
0519	**be used to**	熟 [～に慣れている] 熟 be accustomed to~ ～に慣れている
0520	**used to**	熟 [昔はよく～したものだ、かつては～だったが今はそうではない]
0521	**wait for**	熟 [～を待つ]
0522	**do with**	熟 [～を処理する]
0523	**work on**	熟 [～に取り組む]
0524	**work out**	熟 [～を苦労して解く、～を解決する]
0525	**be worried about**	熟 [～を心配する]
0526	**no more than**	熟 [～しかない] 副 only ～しかない
0527	**no less than**	熟 [なんと～もある] 熟 as many as~ なんと～もの
0528	**not more than**	熟 [多くて、せいぜい] 熟 at most 最大で、多くて

0518 Thank you for telling us (**thousands of**) happy stories.
何千もの楽しいお話をしてくださってありがとう。

0519 I (**am**) not (**used to**) being called by my first name.
私はファーストネームで呼ばれることに慣れていないんです。

0520 We (**used to**) go to movies together when young.
私たちは若かった頃よく一緒に映画を見に行ったよね。

0521 I (**waited for**) her for an hour until she showed up.
僕は彼女が現れるまで、1 時間待った。

0522 We didn't know how to (**do with**) the money we got.
私たちはもらったお金をどう処理すればいいのかわからなかった。

0523 We are sincerely (**working on**) environmental problems.
私たちは誠実に環境問題に取り組んでいます。

0524 He finally (**worked out**) the problem with his income.
彼は自分の収入に関する問題をとうとう解決した。

0525 We (**were worried about**) the result of his surgery.
私たちは彼の手術の結果を心配していました。

0526 He had (**no more than**) one dollar in his pocket.
彼はポケットに 1 ドルしか持っていなかった。

0527 The couple has (**no less than**) five children.
その夫婦には 5 人も子どもがいる。

0528 (**Not more than**) 100 customers visited her shop.
多くて 100 人の客が彼女の店を訪れた。

0529	**not less than**	熟 [少なくとも] 熟 at least 少なくとも
0530	**speak ill of**	熟 [〜の悪口を言う]
0531	**speak well of**	熟 [〜をほめる] 熟 speak ill of~ 〜の悪口を言う
0532	**come into being**	熟 [生まれる]
0533	**be obliged to**	熟 [〜せざるを得ない] 名 obligation 義務
0534	**in order to**	熟 [〜するために] 熟 so as to~ 〜するために
0535	**would like to**	熟 [〜したい] 熟 would rather~ むしろ〜したい
0536	**be accustomed to**	熟 [〜に慣れている] 熟 be used to~ 〜に慣れている
0537	**approve of**	熟 [〜を認める]
0538	**catch sight of**	熟 [〜を見つける] 熟 lose sight of~ 〜を見失う
0539	**be conscious of**	熟 [〜を意識している]

0529 (**Not less than**) 5,000 spectators came to the stadium.
少なくとも 5000 人の観客が競技場に来た。

0530 You shouldn't (**speak ill of**) others behind their backs.
陰で他人の悪口を言うべきではない。

0531 Don't trust those who (**speak well of**) you to your face.
面と向かってほめてくる人を信頼してはいけない。

0532 A star (**came into being**) in the night sky.
星が一つ夜空に生まれた。

0533 We (**were obliged to**) buy a new air conditioner.
新しいエアコンを買わざるを得なくなった。

0534 She has gone to Paris (**in order to**) study art.
彼女は美術を勉強するためにパリに行っている。

0535 We (**would like to**) make a reservation for two nights.
2 泊の予約をしたいのですが。

0536 (**Are**) you already (**accustomed to**) your new home?
新しい家にはもう慣れましたか？

0537 My parents don't (**approve of**) my going abroad.
両親は私が外国に行くことを認めてくれない。

0538 An astronomer (**caught sight of**) the comet by chance.
ある天文学者が偶然、その彗星を見つけた。

0539 I (**was**) n't (**conscious of**) her presence in the same room.
私は彼女が同じ部屋にいたことに気づいていなかった。

0540	**out of date**	熟 [時代遅れの] 熟 up to date 最新の
0541	**be filled with**	熟 [～でいっぱいである] 熟 be full of~ ～でいっぱいである
0542	**hear from**	熟 [～から連絡をもらう] 熟 write to~ ～に手紙を書く
0543	**last for**	熟 [～のあいだ続く]
0544	**look down on**	熟 [～を見下す] 動 despise 軽蔑する 動 scorn 軽蔑する
0545	**look into**	熟 [～を調べる] 動 investigate 調査する
0546	**look up to**	熟 [～を尊敬する] 動 respect 尊敬する、尊重する 熟 think much of~ ～を尊敬する、尊重する
0547	**make up for**	熟 [の埋め合わせをする] 熟 compensate for~ ～の埋め合わせをする
0548	**needless to say**	熟 [言うまでもなく] 熟 not to mention 言うまでもなく
0549	**out of order**	熟 [故障して]
0550	**point out**	熟 [～を指摘する]

0540 His way of working with a typewriter is (**out of date**).

タイプライターを使う彼の働き方は時代遅れだ。

0541 The hall (**was filled with**) fans who came to see her.

ホールは彼女を見に来たファンでいっぱいだった。

0542 We haven't (**heard from**) our son for half a year.

半年間、息子から連絡をもらっていないね。

0543 The rainy season will (**last for**) another three months.

雨季があと 3 ヶ月続くだろう。

0544 Don't (**look down on**) a man just because he is poor.

貧しいからというだけで人を見下すな。

0545 The police are (**looking into**) last night's robbery.

警察は昨夜の強盗事件を調査している。

0546 The professor is (**looked up to**) by many students.

その教授はたくさんの学生に尊敬されている。

0547 I worked overtime to (**make up for**) my mistake.

私はミスを埋め合わせるために残業した。

0548 (**Needless to say**), health is above wealth.

言うまでもなく、健康は富に勝る。

0549 The copy machine is (**out of order**) now.

今、コピー機が故障しています。

0550 Read my composition and (**point out**) any mistakes.

僕の作文を読んで、どんな間違いでも指摘してください。

0551	**prove to be**	熟 [〜であることが判明する] 熟 turn out to be~ 〜であることが判明する
0552	**put off**	熟 [〜を延期する] 熟 postpone 延期する
0553	**put up with**	熟 [〜に耐える] 動 tolerate 耐える 動 stand 耐える
0554	**regard A as B**	熟 [AをBと見なす] 熟 consider A as B AをBと見なす 熟 think of A as B AをBと見なす 熟 see A as B AをBと見なす
0555	**regardless of**	熟 [〜にかかわらず]
0556	**run away**	熟 [逃げる] 動 escape 逃げる
0557	**run over**	熟 [(車などが) 〜をひく]
0558	**show up**	熟 [姿を見せる] 熟 turn up 姿を見せる
0559	**stand for**	熟 [(記号などが) 〜を表す] 動 represent (記号などが) 〜を表す
0560	**stand out**	熟 [目立つ]
0561	**take ~ for granted**	熟 [〜を当然と考える]

0551 The lady I saw there (**proved to be**) your mother.
僕がそこで見た女性は君のお母さんだと判明した。

0552 The school excursion will be (**put off**) till next Sunday.
遠足は次の日曜日まで延期されるだろう。

0553 I can't (**put up with**) the humidity in this room anymore.
この部屋の湿度にはこれ以上我慢できない。

0554 We (**regard**) her (**as**) the genius of this century.
私たちは彼女を今世紀の天才と見なしている。

0555 In that country, skirts are worn (**regardless of**) gender.
その国では性別にかかわらずスカートを履く。

0556 (**Run away**) if the emergency bell rings.
非常ベルが鳴ったら逃げてください。

0557 He came close to (**running over**) a cat.
彼はもう少しで猫をひくところだった。

0558 She (**showed up**) one hour late but didn't apologize.
彼女は 1 時間遅刻して姿を見せたが、謝らなかった。

0559 The U.S.A. (**stands for**) the United States of America.
U.S.A. はアメリカ合衆国を表している。

0560 Her red dress really (**stood out**) in the concert hall.
彼女が着ていた赤いドレスは、コンサートホールでとても目立っていた。

0561 Don't (**take**) it (**for granted**) that he lent you a hand.
彼が手伝ってくれたことを当たり前と思うんじゃないよ。

0562	**take ~ into consideration**	熟 [～を考慮に入れる] 熟 take ~ into account ～を考慮に入れる
0563	**take A for B**	熟 [AをBだと思う] 熟 mistake A for B AをBと取り違える
0564	**take off**	熟 [～を脱ぐ、離陸する] 熟 put on~ ～を着る
0565	**take place**	熟 [開催される]
0566	**turn out**	熟 [～であることがわかる] 熟 prove to be~ ～であることがわかる
0567	**of no use**	熟 [役に立たない] 形 useless 役に立たない
0568	**now that**	熟 [今や～だから]
0569	**even if**	熟 [たとえ～でも]
0570	**as long as**	熟 [～する限り、～もの長いあいだ] 熟 as far as ～する限り、～まで
0571	**as far as I know**	熟 [私の知る限りでは] 熟 to the best of my knowledge 私の知る限りでは
0572	**for all**	熟 [～にもかかわらず] 前 despite ～にもかかわらず 熟 with all~ ～にもかかわらず 熟 in spite of~ ～にもかかわらず

0562 (**Taking**) his age (**into consideration**), he did well.
彼の年齢を考慮すれば、彼はよくやった。

0563 I (**took**) the girl (**for**) your elder sister.
僕はその女の子をあなたのお姉さんだと思ったんだ。

0564 You should (**take off**) your coat in the building.
建物の中ではコートを脱ぐべきです。

0565 The Olympics (**take place**) every four years.
オリンピックは 4 年ごとに開催されます。

0566 It (**turned out**) that the pot was a national treasure.
その壺は国宝であることがわかった。

0567 A computer is often (**of no use**) in a few years.
コンピュータが数年で役に立たなくなることはよくある。

0568 (**Now that**) you are an adult, you should be responsible.
君はもう大人なんだから、責任感を持つべきだよ。

0569 You have to study physics (**even if**) you don't like it.
たとえ好きじゃなくても物理を勉強しないといけませんよ。

0570 (**As long as**) you keep quiet, you can stay in this room.
静かにしている限り、この部屋にいていいよ。

0571 (**As far as I know**), he is an excellent surgeon.
私の知る限り、彼は優秀な外科医です。

0572 (**For all**) his fortune, he doesn't feel so happy.
財産があるにもかかわらず、彼はそれほど幸せだと感じていない。

No.	単語	発音	意味
0573	**link**	[líŋk]	他 [関連づける] 熟 link A to B AをBに関連づける
0574	**imitate**	[íməteìt]	他 [まねる]
0575	**entertain**	[èntərtéin]	他 [楽しませる] 名 entertainment 娯楽
0576	**amuse**	[əmjú:z]	他 [楽しませる] 名 amusement 楽しいこと
0577	**repeat**	[ripí:t]	他 [繰り返す]
0578	**cheer**	[tʃíər]	他 [元気づける]
0579	**cooperate**	[kouá:pəreit]	他 [協力する] 熟 cooperate with~ ～と協力する 名 cooperation 協力
0580	**display**	[displéi]	他 [表示する]
0581	**limit**	[límət]	他 [制限する] 名 limitation 制限、限界
0582	**press**	[prés]	他 [押す、圧迫する]　名 [(the～) 報道機関]
0583	**shoot**	[ʃú:t]	他 [撃つ]

0573 Lung disease is strongly (**linked**) to smoking.
肺の病気は喫煙と強い関連がある。

0574 You can improve your ability by (**imitating**) others.
他人をマネすることによって、あなたの能力を改善できるよ。

0575 The basketball match (**entertained**) us a lot.
そのバスケットボールの試合は私たちを大いに楽しませた。

0576 He always tries to (**amuse**) his baby.
彼はいつも自分の赤ん坊を楽しませようとしている。

0577 Try not to (**repeat**) this kind of mistake.
こういうミスを繰り返さないようにしなさい。

0578 Everyone is (**cheering**) for their favorite soccer team.
みんながそれぞれのお気に入りのサッカーチームを応援している。

0579 He (**cooperated**) with everyone for the school festival.
彼は学園祭に向けてみんなと協力した。

0580 An error message is (**displayed**) on the screen.
画面にエラーメッセージが表示されていますよ。

0581 The weight of hand baggage is (**limited**) to 10 kg.
手荷物の重さは 10kg までに制限されている。

0582 You have only to (**press**) this button to open the door.
扉を開けるにはこのボタンを押すだけでよい。

0583 A soldier on horseback (**shot**) an arrow at a target.
馬に乗った兵士が的を目がけて矢を放った。

0584	**ban** [bǽn]	他 [禁止する]
0585	**challenge** [tʃǽlɪndʒ]	他 [挑む、異議を唱える]
0586	**trade** [tréɪd]	他 [交換する]　名 [貿易]
0587	**grill** [gríl]	他 [直火で焼く]
0588	**roast** [róust]	他 [焼く]
0589	**attack** [ətǽk]	他 [攻撃する]
0590	**aid** [éɪd]	他 [援助する]
0591	**spare** [spéə*r*]	他 [(時間などを) 割く]
0592	**retire** [rɪtáɪə*r*]	自 [退職する] 名 retirement 引退、退職
0593	**hunt** [hʌ́nt]	他 [狩る] 名 hunter 狩りをする者、探求者
0594	**hang** [hǽŋ]	他 [つるす] 熟 hang on しがみつく 熟 hang up 電話を切る　熟 hang out ぶらぶらする

0584 Guns and drugs are strictly (**banned**) in our country.
銃と薬物は私たちの国では厳しく禁止されている。

0585 I (**challenged**) him because his theory seemed wrong.
彼の理論が間違っているようだったので、異議を唱えた。

0586 They (**trade**) used cars at low prices at the dealer.
その販売店では中古車を安く売っている。

0587 He ordered (**grilled**) meat and a bottle of wine.
彼は焼いた肉とワインを1本注文した。

0588 She (**roasted**) a turkey on Christmas Day.
彼女はクリスマスに七面鳥を焼いた。

0589 A jewelry store was (**attacked**) by robbers.
宝石店が強盗に襲撃された。

0590 They (**aided**) their baby in standing up.
彼らは赤ちゃんが立ち上がるのを手助けした。

0591 Can you (**spare**) me a minute? I'd like to ask the way.
少しお時間を割いてくださいませんか？　道を尋ねたいのです。

0592 He is going to (**retire**) from the company next month.
彼は来月その会社を退職することになっている。

0593 He earns his living by (**hunting**) deer.
彼はシカ狩りで生計を立てている。

0594 She always (**hangs**) her coat in her wardrobe.
彼女はいつもコートを洋服だんすにぶら下げている。

0595	**polish** [pá:lɪʃ]	他 [磨く、洗練する]
0596	**wave** [wéɪv]	他 [手を振る]　名 [波]
0597	**adjust** [ədʒʌ́st]	他 [適合させる] 熟 adjust A to B AをBに適合させる
0598	**separate** [sépərèɪt]	他 [分ける] 名 separation 分離
0599	**navigate** [nǽvəgèɪt]	自 [航海する] 名 navigation 航海
0600	**resist** [rɪzíst]	他 [抵抗する] 名 resistance 抵抗
0601	**react** [riǽkt]	自 [反応する] 名 reaction 反応
0602	**review** [rɪvjú:]	他 [批評する、見返す]
0603	**pack** [pǽk]	他 [詰め込む]
0604	**pollute** [pəlú:t]	他 [汚染する] 名 pollution 汚染 名 pollutant 汚染物質
0605	**spell** [spél]	他 [(単語を) つづる]

0595 Please (**polish**) the lens of the microscope.
顕微鏡のレンズを磨いてください。

0596 She (**waved**) to show me that she was there.
彼女はそこにいることを私に伝えるために手を振った。

0597 You have to (**adjust**) yourself to your new life here.
あなたはここでの新生活に適合しないといけないよ。

0598 The two countries are (**separated**) by a big river.
その 2 つの国は大きな川で分けられている。

0599 My dream is to (**navigate**) around the world.
私の夢は世界一周航海をすることです。

0600 It was hard to (**resist**) that strong wind.
あの強い風に抵抗するのは難しかったよ。

0601 How will she (**react**) when you propose?
あなたがプロポーズしたら彼女はどんな反応をするかな？

0602 His latest novel was (**reviewed**) positively in a newspaper.
彼の最新の小説は新聞で良い批評を受けた。

0603 She (**packed**) some clothes in her trunk for a trip.
彼女は旅行のために衣服をトランクに詰め込んだ。

0604 The waste from the factory has (**polluted**) the air.
工場から出た廃棄物が大気を汚染してきた。

0605 He (**spelt**) my name wrongly.
彼は私の名前の綴りを間違えた。

0606 **transform** [trænsfɔ́:rm]
他 [変形させる]
名 transformation 変形

0607 **marry** [mǽri]
他 [結婚する]
名 marriage 結婚、結婚生活
熟 get married to~ ～と結婚する

0608 **inform** [ɪnfɔ́:rm]
他 [知らせる]
熟 inform A of B AにBを知らせる
名 information 情報

0609 **communicate** [kəmjú:nəkèɪt]
自 [意思を伝え合う]
名 communication 伝達
名 communications 通信手段

0610 **award** [əwɔ́:rd]
他 [(賞など)を与える]

0611 **reward** [rɪwɔ́:rd]
他 [報いる]

0612 **count** [káʊnt]
自 [重要である]
熟 count on~ ～を頼りにする
熟 count A out Aを除外する

0613 **absorb** [əbzɔ́:rb]
他 [吸収する、夢中にさせる]
熟 be absorbed in~ ～に没頭している
名 absorption 吸収

0614 **gather** [gǽðər]
他 [集める]
名 gathering 集まり、集会

0615 **occur** [əkə́:r]
自 [起こる]
熟 occur to~ ～の心にふと浮かぶ
名 occurrence 出来事

0616 **rush** [rʌ́ʃ]
自 [急いで行く]

0606 The park will be (**transformed**) into a parking lot.
その公園は駐車場に変えられることになっている。

0607 She hopes to (**marry**) a kindhearted man.
彼女は心優しい男性と結婚したいと思っている。

0608 We have to (**inform**) the President of the accident.
大統領に事故のことを知らせなければならない。

0609 We (**communicate**) with each other by body language.
私たちはボディランゲージによってお互いに意思を伝達し合っている。

0610 The Nobel Peace Prize was (**awarded**) to one of them.
ノーベル平和賞が彼らのうちの一人に授けられた。

0611 Honesty will be (**rewarded**) in the long run.
長い目で見ると正直は報われる。

0612 What (**counts**) is whether you are trusted by others.
重要なことは、あなたが他人に信頼されているかどうかだ。

0613 My son has been (**absorbed**) in reading for many hours.
うちの息子は何時間も読書に夢中になっている。

0614 They sometimes (**gather**) garbage from the coastline.
彼らはときどき、海岸線からゴミを集めている。

0615 It didn't (**occur**) to me that he was in love with Cathy.
彼がキャシーのことが好きだなんて、思いもよらなかったわ。

0616 When the bell rang, he (**rushed**) out of the classroom.
ベルが鳴ったとき、彼は教室から急いで出た。

0617	**restore** [rɪstɔ́:r]	他 [回復する、修復する]
0618	**recover** [rɪkʌ́vər]	自 [回復する] 熟 recover from~ ～から回復する 名 recovery 回復
0619	**exhibit** [ɪgzíbɪt]	他 [展示する] 名 exhibition 展覧会
0620	**achieve** [ətʃí:v]	他 [達成する] 名 achievement 成績、実績
0621	**expand** [ɪkspǽnd]	他 [拡大する] 名 expansion 拡大
0622	**pretend** [prɪténd]	他 [ふりをする] 熟 pretend to~ ～するふりをする
0623	**criticize** [krítəsàɪz]	他 [非難する] 名 critic 批評家、評論家
0624	**blame** [bléɪm]	他 [非難する] 熟 blame A for B BのことでAを非難する 熟 blame B on A BをAのせいにする
0625	**export** [ɪkspɔ́:rt]	他 [輸出する]
0626	**import** [ɪmpɔ́:rt]	他 [輸入する]
0627	**consume** [kəns(j)ú:m]	他 [消費する] 名 consumer 消費者 名 consumption 消費

0617 They carefully (**restored**) the ruined castle.
彼らは廃墟となった城を注意深く修復した。

0618 She will soon (**recover**) from the flu.
彼女は間もなく、インフルエンザから回復するだろう。

0619 Mona Lisa is (**exhibited**) at the Louvre Museum.
モナリザはルーブル美術館に展示されている。

0620 Happiness cannot be easily (**achieved**) without effort.
幸せは努力もせずに簡単に達成されはしない。

0621 They are trying to (**expand**) their business abroad.
彼らは事業を海外に拡大しようとしている。

0622 She (**pretended**) not to hear me.
彼女は私の声が聞こえないふりをした。

0623 You shouldn't (**criticize**) others behind their backs.
陰で他人を批判してはいけない。

0624 He (**blames**) me for coming late so often.
彼は私がしょっちゅう遅れてくることを非難する。

0625 How much does it cost to (**export**) these items?
これらの商品を輸出するのにいくらかかるでしょうか。

0626 They (**import**) inexpensive rice from Asian countries.
彼らはアジア諸国から安い米を輸入している。

0627 My car (**consumes**) too much gasoline.
私の車はガソリンを消費しすぎるんだ。

No.	Word	Meaning
0628	**translate** [trǽnsleɪt]	他 [翻訳する] 熟 translate A into B AをBに翻訳する 名 translation 翻訳　名 translator 翻訳家
0629	**purchase** [pə́:rtʃəs]	他 [購入する]
0630	**respect** [rɪspékt]	他 [尊敬する、尊重する]
0631	**bury** [béri]	他 [埋める、埋葬する] 名 burial 埋葬
0632	**decorate** [dékərèɪt]	他 [飾る] 熟 decorate A with B AをBで飾る 名 decoration 装飾
0633	**explore** [ɪksplɔ́:r]	他 [探検する、探究する] 名 exploration 探検、探求
0634	**sail** [séɪl]	他 [航海する]
0635	**overcome** [òuvərkʌ́m]	他 [克服する]
0636	**contribute** [kəntríbju:t]	自 [貢献する、寄付する] 熟 contribute to~ ～に貢献する 名 contribution 貢献、寄付
0637	**impress** [ímprés]	他 [感動させる] 熟 be impressed by~ ～に感動する 名 impression 印象
0638	**attempt** [ətémpt]	他 [試みる]

0628 (**Translate**) this sentence into Japanese.
この文を日本語に翻訳しなさい。

0629 He (**purchased**) a diamond ring for his wife's birthday.
彼は妻の誕生日にダイヤモンドの指輪を購入した。

0630 I (**respect**) Einstein for what he did.
私はアインシュタインの業績を尊敬している。

0631 The thief denied that he had (**buried**) the money.
泥棒はお金を埋めたことを否定した。

0632 She (**decorated**) her room with some paintings.
彼女は部屋を何枚かの絵で飾った。

0633 The probe is going to (**explore**) the surface of Mars.
その探査機は火星の地表を探検することになっている。

0634 This ship will (**sail**) across the Atlantic.
この船は大西洋を横断して航行することになっている。

0635 She can't (**overcome**) her fear of heights.
彼女は高所恐怖症を克服することができていない。

0636 He has (**contributed**) to the advancement of technology.
彼は技術の進歩に貢献してきた。

0637 I was greatly (**impressed**) by his lecture.
私は彼の講義に大いに感銘を受けた。

0638 My brother has (**attempted**) to run for mayor twice.
兄は 2 回、市長に立候補することを試みたことがある。

0639	**identify** [aɪdéntəfàɪ]	他 [特定する] 名 identity 正体、身元
0640	**register** [rédʒɪstər]	他 [登録する] 熟 register for~ ～に登録する 名 registration 登録
0641	**reply** [rɪpláɪ]	自 [返答する]
0642	**spill** [spíl]	他 [こぼす]
0643	**observe** [əbzə́:rv]	他 [観察する、守る] 名 observation 観察、遵守
0644	**split** [splít]	他 [分割する、分け合う]
0645	**divide** [dɪváɪd]	他 [分割する] 熟 divide A into B AをBに分ける 名 division 分割
0646	**breathe** [brí:ð]	自 [呼吸する] 名 breath 呼吸
0647	**calculate** [kǽlkjulèɪt]	他 [計算する] 名 calculation 計算
0648	**exist** [ɪgzíst]	自 [存在する] 名 existence 存在
0649	**maintain** [meɪntéɪn]	他 [維持する、主張する] 名 maintenance 維持、補修管理

0639 The cause of the pandemic has not been (**identified**).
大流行の原因はまだ特定されていない。

0640 His name was not (**registered**) on the list of the army.
彼の名前は軍のリストに登録されていなかった。

0641 (**Reply**) in a loud voice when your name is called.
名前が呼ばれたら大きな声で返事をしなさい。

0642 It is no use crying over (**spilt**) milk.
覆水盆に返らず（こぼれたミルクを嘆いても無駄である）。

0643 We (**observed**) their behavior to find the criminal.
私たちは犯人を見つけるために彼らの行動を観察した。

0644 Let's (**split**) the bill between us.
割り勘にしよう（お勘定を我々で分担し合おう）。

0645 My mother baked a cake and (**divided**) it into four.
母がケーキを焼いて、それを 4 つに分けてくれた。

0646 You can (**breathe**) under water with this equipment.
この装置を使えば水中で呼吸できますよ。

0647 We (**calculated**) the total sum of our profit.
私たちは利益の合計金額を計算した。

0648 Do you think any creatures (**exist**) on Mars?
火星に何か生物がいると思いますか？

0649 We want to (**maintain**) a good relationship with you.
私たちはあなた方と良い関係を維持したいのです。

0650	**obtain** [əbtéɪn]	他 [獲得する]
0651	**defend** [dɪfénd]	他 [守る] 名 defense 防御
0652	**disappear** [dìsəpíə*r*]	自 [姿を消す] 自 appear 現れる
0653	**flow** [flóu]	自 [流れる]
0654	**represent** [rèprɪzént]	他 [代表する、表現する] 名 representative 代表者、販売員 名 presentation 発表、提示
0655	**resort** [rɪzɔ́:*r*t]	自 [訴える]　名 [行楽地] 熟 resort to~ (手段) に訴える
0656	**transport** [trænspɔ́:*r*t]	他 [輸送する] 名 transportation 輸送
0657	**admit** [ədmít]	他 [認める] 名 admission 許可、入場許可
0658	**deny** [dɪnáɪ]	他 [否定する]
0659	**analyze** [ǽnəlàɪz]	他 [分析する] 名 analysis 分析
0660	**appeal** [əpí:l]	他 [(心・力など) に訴える]

0650 You can (**obtain**) various knowledge from the Internet.

インターネットからさまざまな知識を獲得することができる。

0651 The king will (**defend**) his nation from the enemy.

王が敵から国を守ってくれるだろう。

0652 Your sorrow and pain will soon (**disappear**).

あなたの悲しみも、苦しみも、間もなく消えます。

0653 Two big rivers (**flow**) through our town.

2つの大きな川が私たちの街を流れている。

0654 The character “&” (**represents**) “and”.

「&」という文字は「アンド」を表している。

0655 You must not (**resort**) to violence in any situation.

いかなる場合にも暴力に訴えてはならない。

0656 See to it that our products are (**transported**) by air.

我々の製品が空路で輸送されるように取り計らってください。

0657 She didn’t (**admit**) that she was in love with me.

彼女は私のことが好きだということを認めなかった。

0658 He strongly (**denied**) that he had committed any crime.

彼は罪を犯したことを強く否定した。

0659 The police are (**analyzing**) the reason for the murder.

警察が殺人事件の原因を分析している。

0660 Our nation will not (**appeal**) to arms whatever happens.

我々の国は何が起こっても武力に訴えるつもりはない。

0661	**dig** [díg]	他 [掘る]
0662	**emphasize** [émfəsàız]	他 [強調する] 名 emphasis 強調
0663	**estimate** [éstəmèıt]	他 [見積もる、評価する]
0664	**issue** [íʃuː]	他 [発行する]　名 [問題 (点)]
0665	**lie** [láı]	自 [横たわる] 他 lay 横たえる
0666	**lie** [láı]	自 [嘘をつく]
0667	**lay** [léı]	他 [横たえる、(卵) を産む]
0668	**reflect** [rıflékt]	他 [反射する] 名 reflection 反射、熟考
0669	**rob** [rá:b]	他 [奪う] 熟 rob A of B AからBを奪う 熟 deprive A of B AからBを奪う
0670	**vary** [véəri]	自 [さまざまである]
0671	**convert** [kənvə́:rt]	他 [変える、変形させる] 熟 convert A into B AをBに変える

0661 The town is planning to (**dig**) a long tunnel for a subway.
その町は地下鉄用の長いトンネルを掘ることを計画している。

0662 We can't (**emphasize**) our gratitude too much.
私たちの感謝の気持ちをいくら強調してもしすぎることはない。

0663 He (**estimated**) that it would take a year to build.
彼はその建設に、1 年はかかると見積もった。

0664 The publisher (**issues**) a magazine once a month.
その出版社は雑誌を月 1 回発行している。

0665 My dog (**lies**) on my bed and I can't go to bed.
犬が私のベッドで横たわっていて寝られない。

0666 She (**lied**) when she didn't want to join us.
彼女は我々に加わりたくなかったときに嘘をついた。

0667 He (**laid**) himself on the sofa, exhausted from work.
彼は仕事に疲れ果てて、ソファに体を横たえた。

0668 The moon (**reflected**) on the lake was fascinating.
湖に反射された月は魅力的だった。

0669 The thief (**robbed**) the man of his wallet.
泥棒がその男性から財布を奪った。

0670 The views on this issue (**vary**) from person to person.
この問題に関する見解は人によってさまざまだ。

0671 We (**convert**) the energy of the sun into electricity.
我々は太陽エネルギーを電気に変えている。

0672	**edit** [édit]	他 [編集する] 名 editor 編集者
0673	**abandon** [əbǽndən]	他 [捨てる]
0674	**detect** [dɪtékt]	他 [見つける] 名 detective 探偵
0675	**determine** [dɪtə́ːrmən]	他 [決定する、決心する] 熟 be determined to~ ～することに決めている 名 determination 決定、決心
0676	**protest** [prətést]	他 [抗議する]
0677	**roll** [róul]	他 [転がす]
0678	**postpone** [poustpóun]	他 [延期する] 熟 put off~ ～を延期する 熟 call off~ ～を中止する
0679	**extend** [ɪksténd]	他 [延長する] 名 extension 拡張
0680	**ease** [íːz]	他 [和らげる]
0681	**relieve** [rɪlíːv]	他 [和らげる、取り除く] 名 relief 安心 熟 relieve A of B AからBを取り除く
0682	**dedicate** [dédəkèɪt]	他 [捧げる] 熟 dedicate A to B AをBに捧げる 熟 dedicate oneself to~ ～に専念する、没頭する

0672 He is (**editing**) the movie to post it on the Internet.

彼はその動画をインターネットに投稿するために編集している。

0673 He (**abandoned**) his job to start his own business.

彼は自分の事業を始めるために仕事をやめた。

0674 A new type of virus was (**detected**) by their research.

新しい種類のウイルスが彼らの研究によって見つかった。

0675 He was (**determined**) to go there to help the victims.

彼は犠牲者の手助けをするために、そこに行くことを決めた。

0676 We (**protest**) the mayor's attitude toward the policy.

私たちはその政策に対する市長の態度に抗議する。

0677 They (**rolled**) the dice once more to decide the order.

彼らは順番を決めるために、もう一度サイコロを振った。

0678 Never (**postpone**) till tomorrow what you can do today.

今日できることを明日まで延期してはならない。

0679 They (**extended**) the road to the center of the city.

彼らはその道路を都市の中心部まで延長した。

0680 This capsule will (**ease**) your headache immediately.

このカプセルがすぐにあなたの頭痛を緩和するでしょう。

0681 His words (**relieved**) me of my anxiety.

彼の言葉が私から心配を取り除いた。

0682 She (**dedicated**) her life to helping people in need.

彼女は困っている人を助けることに人生を捧げた。

0683	**freeze** [fríːz]	他 [凍らせる]
0684	**melt** [mélt]	自 [溶ける]
0685	**bite** [báɪt]	他 [噛む]
0686	**calm** [kɑ́ːm]	他 [静める]
0687	**consist** [kənsíst]	自 [成る] 熟 consist of~ ～から成り立つ 熟 consist in~ ～にある
0688	**encounter** [ɪnkáuntər]	他 [遭遇する、偶然会う]
0689	**launch** [lɔ́ːntʃ]	他 [打ち上げる]
0690	**fold** [fóuld]	他 [折りたたむ]
0691	**regret** [rɪgrét]	他 [後悔する] 形 regrettable 残念な
0692	**reveal** [rɪvíːl]	他 [明らかにする]
0693	**reverse** [rɪvə́ːrs]	他 [逆にする]

0683 Mom, can I have another cup of (**frozen**) yogurt?
お母さん、フローズンヨーグルトをもう一杯食べてもいい？

0684 The snow will (**melt**) and turn into water soon.
もうすぐ雪が溶けて水になるだろう。

0685 Danger! This dog will try to (**bite**) you.
危険！この犬はあなたに噛みつこうとします。

0686 That angry man can't be (**calmed**) down in any way.
どんな方法でもあの怒っている男を落ち着かせることはできない。

0687 Water (**consists**) of hydrogen and oxygen.
水は水素と酸素で構成されている。

0688 I (**encountered**) an old friend of mine on my way home.
家に帰る途中、昔からの友だちとばったり会った。

0689 That country has (**launched**) an artificial satellite once.
あの国は一度人工衛星を打ち上げたことがある。

0690 A man was standing there with his arms (**folded**).
一人の男性が腕を組んでそこに立っていた。

0691 He (**regrets**) having said such a thing to his girlfriend.
彼は彼女にそんなことを言ってしまったことを後悔している。

0692 Her theory will (**reveal**) that the moon has no life.
彼女の理論が月に生命が存在しないことを明らかにするだろう。

0693 (**Reverse**) the paper and you'll find the answer.
その紙を裏返せば答えが見つかりますよ。

0694	**settle** [sétl]	他 [解決する] 熟 settle down 落ち着く
0695	**chase** [tʃéɪs]	他 [追う]
0696	**indicate** [índəkèɪt]	他 [示す] 名 indication 指示、しるし
0697	**generate** [dʒénərèɪt]	他 [生み出す、発生させる] 名 generation 発生、発電、世代
0698	**establish** [ɪstǽblɪʃ]	他 [設立する、確立する] 名 establishment 設立
0699	**inspect** [ɪnspékt]	他 [詳しく調べる] 名 inspector 調査官
0700	**overlap** [òʊvərlǽp]	他 [重なり合う]
0701	**modify** [mɑ́:dəfàɪ]	他 [修正する] 名 modification 修正
0702	**stir** [stə́:r]	他 [かき回す、揺り動かす]
0703	**pray** [préɪ]	他 [祈る]
0704	**peel** [pí:l]	他 [皮をむく]

0694 The dispute on nuclear weapons was finally (**settled**).
核兵器に関する議論がようやく決着した。

0695 The turtle (**chased**) the rabbit, but it couldn't catch up.
カメはウサギを追いかけたが、追いつけなかった。

0696 Her facial expression (**indicates**) that she is in trouble.
彼女の表情が何か問題を抱えていることを示している。

0697 This machine (**generates**) a huge amount of electricity.
この機械は膨大な電力を発生させる。

0698 Our company was (**established**) in 1980.
我が社は 1980 年に設立されました。

0699 The police are (**inspecting**) the murder case.
警察がその殺人事件を捜査している。

0700 It seems that his opinion and mine partly (**overlap**).
彼の意見と私の意見は、一部重なっているようだ。

0701 The plan to establish a new airline needs (**modifying**).
新しい航空会社を設立する計画は修正が必要である。

0702 (**Stir**) the yogurt well before you eat it.
食べる前にヨーグルトをよくかき混ぜてね。

0703 We (**pray**) to the stars for world peace every night.
我々は毎晩、星に世界平和を祈っている。

0704 My daughter eats apples without (**peeling**) them.
うちの娘は皮をむかずにリンゴを食べるんです。

0705	**transmit** [trænsmít]	他 [伝える、送信する] 名 transmission 送信
0706	**motivate** [móutəvèɪt]	他 [動機づけをする、刺激する] 名 motivation 動機づけ
0707	**distribute** [dɪstríbju:t]	他 [配布する、分配する] 名 distribution 配布
0708	**graduate** [grǽdʒuèɪt]	他 [卒業する] 熟 graduate from~ ～を卒業する 名 graduation 卒業
0709	**belong** [bəlɔ́(:)ŋ]	他 [所属している、～のものである] 熟 belong to~ ～に所属している、～のものである
0710	**support** [səpɔ́:rt]	他 [応援する、支持する]
0711	**succeed** [səksí:d]	他 [成功する、うまくいく] 熟 succeed in~ ～に成功する 熟 succeed to~ ～を引き継ぐ
0712	**serve** [sə́:rv]	他 [役立つ、(食べ物、飲み物) を出す]
0713	**elect** [ɪlékt]	他 [選挙で選ぶ、選出する] 名 election 選挙
0714	**fix** [fíks]	他 [修理する、固定する]
0715	**dislike** [dɪsláɪk]	他 [嫌う] 他 hate 嫌う、憎む

0705 That radio tower (**transmits**) a strong signal.
あの電波塔は強い電波を発信している。

0706 I don’t know how I can (**motivate**) my son to study.
息子を勉強する気にさせる方法がわからない。

0707 We will (**distribute**) the question sheets now.
今から問題用紙を配ります。

0708 We will get married soon after we (**graduate**).
私たちは卒業したらすぐに結婚するつもりです。

0709 She has (**belonged**) to the tennis club for a year.
彼女は 1 年間テニス部に所属している。

0710 This bridge is strong enough to (**support**) an elephant.
この橋は象を支えるのに十分な強さがある。

0711 They (**succeeded**) in reaching the top of Mt. Everest.
彼らはエベレスト登頂に成功した。

0712 That bakery (**serves**) coffee for free.
あのパン屋はコーヒーを無料で出す。

0713 He will be (**elected**) chairperson of the council.
彼は議会の議長に選出されるだろう。

0714 How much will it cost to have our roof (**fixed**)?
屋根を修理してもらうのにいくらかかるかな？

0715 I absolutely (**dislike**) my own hairstyle.
私は自分の髪型が全然気に入らない。

0716	**tragedy** [trǽdʒədi]	名 [悲劇] 名 comedy 喜劇
0717	**signal** [sígnl]	名 [信号、徴候]
0718	**signature** [sígnətʃər]	名 [署名] 名 autograph（有名人などの）サイン
0719	**balance** [bǽləns]	名 [つり合い] 熟 in balance バランスが取れている
0720	**anniversary** [æ̀nəvə́:rsəri]	名 [記念日]
0721	**receipt** [rɪsí:t]	名 [領収書]
0722	**reality** [riǽləti]	名 [現実] 形 real 本当の、本物の
0723	**campaign** [kæmpéɪn]	名 [運動、啓蒙活動 [キャンペーン]]
0724	**contrast** [ká:ntræst]	名 [対照] 熟 by[in] contrast 一方
0725	**sample** [sǽmpl]	名 [見本 [サンプル]]
0726	**credit** [krédɪt]	名 [信用、信頼]

0716 I forgot the title of the (**tragedy**) by Shakespeare.

シェークスピアのその悲劇のタイトルを忘れてしまった。

0717 Skin redness may be a (**signal**) of a disease.

肌が赤くなっているのは、何か病気の徴候なのかもしれない。

0718 Would you write your (**signatures**) here and here?

ここと ここに署名してくれませんか？

0719 Try to keep a good (**balance**) between work and a rest.

仕事と休憩のあいだに良いバランスを保とうとしなさい。

0720 I celebrated my parents' fiftieth wedding (**anniversary**).

私は両親の 50 回目の結婚記念日を祝った。

0721 We can't accept returns without a (**receipt**).

領収書がなければ返品は受け入れられません。

0722 We may face the severe (**reality**) of our future.

私たちは将来の厳しい現実に直面するかもしれません。

0723 They took part in a (**campaign**) for civil rights.

彼らは市民権を求める活動に参加した。

0724 The castle makes a great (**contrast**) with the blue sky.

その城は青空と見事な対比を成している。

0725 Please send us some (**samples**) of your products.

貴社の製品のサンプルをいくつか送ってください。

0726 We gave (**credit**) to his words.

私たちは彼の言葉を信用した。

0727	**character** [kǽrəktər]	名 [性格、登場人物、文字] 名 characteristic 特徴
0728	**essay** [éseɪ]	名 [随筆]
0729	**brain** [bréɪn]	名 [脳]
0730	**tool** [tú:l]	名 [道具]
0731	**battery** [bǽtəri]	名 [電池]
0732	**crime** [kráɪm]	名 [犯罪] 名 criminal 犯人、犯罪者
0733	**chain** [tʃéɪn]	名 [くさり] 名 chain reaction 連鎖反応
0734	**gallery** [gǽləri]	名 [美術館]
0735	**series** [síəri:z]	名 [連続、続き物 [シリーズ]] 熟 a series of~ 一連の～
0736	**rate** [réɪt]	名 [割合、速度、料金]
0737	**championship** [tʃǽmpiənʃìp]	名 [選手権、王座]

0727 She is a lady of shy (**character**).

彼女は内気な性格の女性です。

0728 Write an (**essay**) about environmental destruction.

環境破壊について随筆を書きなさい。

0729 Solving math problems is good (**brain**) exercise.

数学の問題を解くことは良い脳の運動になる。

0730 I couldn't handle this (**tool**) skillfully.

私はこの道具を上手に扱うことができなかった。

0731 My electric dictionary needs a new (**battery**).

僕の電子辞書には新しい電池が必要です。

0732 He committed a (**crime**) and spent ten years in jail.

彼は罪を犯して刑務所で 10 年過ごした。

0733 The researchers observed a chemical (**chain**) reaction.

研究員たちは化学的連鎖反応を観察した。

0734 There are many pictures exhibited at the art (**gallery**).

その美術館にはたくさんの絵が展示されている。

0735 He was given a (**series**) of physical checkups.

彼は一連の健康診断をしてもらった。

0736 The unemployment (**rate**) of that country is increasing.

あの国の失業率が上昇しています。

0737 He finally won the world boxing (**championship**).

彼はついにボクシング世界王座を勝ち取った。

0738	**electronics**	[ɪlèktrɑ́ːnɪks]	名 [電子工学、電子装置]
0739	**bacteria**	[bæktíəriə]	名 [細菌 [バクテリア] の複数形] 名 bacterium バクテリア (単数形)
0740	**emergency**	[ɪmə́ːrdʒənsi]	名 [緊急事態]
0741	**specialist**	[spéʃəlɪst]	名 [専門家] 副 specially 特別に　動 specialize 専門にする 熟 specialize in~ ～を専門に扱う
0742	**novel**	[nɑ́ːvl]	名 [小説]　形 [新しい]
0743	**engineer**	[èndʒəníər]	名 [技術者 [エンジニア]]
0744	**engineering**	[èndʒəníərɪŋ]	名 [工学、土木工事]
0745	**lifestyle**	[láɪfstàɪl]	名 [生活様式]
0746	**lifetime**	[láɪftàɪm]	名 [生涯]
0747	**user**	[júːzər]	名 [使用者]
0748	**bean**	[bíːn]	名 [豆]

0738 Life has become easier thanks to (**electronics**).
電子工学のおかげで生活が楽になった。

0739 The biologist has found various new (**bacteria**).
その生物学者はさまざまな新種のバクテリアを発見している。

0740 Call the police immediately in an (**emergency**).
緊急事態の時には、すぐに警察に電話しなさい。

0741 The teacher is a (**specialist**) in child education.
その先生は児童教育の専門家です。

0742 It is not too early for you to read English (**novels**).
英語の小説を読むのは、あなたに早すぎるということはないよ。

0743 We have to hire an (**engineer**) to complete our project.
計画を完了するために私たちは技術者を一人雇わなくてはならない。

0744 He has decided to major in robotics (**engineering**).
彼はロボット工学を専攻することに決めた。

0745 Youngsters favor a (**lifestyle**) which we can't accept.
若者は我々が受け入れられない生活スタイルを好む。

0746 Edison invented many new things during his (**lifetime**).
エジソンは一生涯にたくさんの新しいものを発明した。

0747 The Internet (**users**) should be careful of online crimes.
インターネット利用者はネット犯罪に気を付けるべきである。

0748 She bought a bag of coffee (**beans**) at the shop.
彼女はその店でコーヒー豆を一袋買った。

0749	**blanket** [blǽŋkət]	名 [毛布、一面を覆うもの]
0750	**shark** [ʃɑ́ːrk]	名 [サメ]
0751	**birth** [bə́ːrθ]	名 [誕生] 熟 by birth 生まれながらの
0752	**trainer** [tréɪnər]	名 [訓練する人] 動 train 訓練する
0753	**task** [tǽsk]	名 [仕事] 名 duty 義務、仕事
0754	**security** [sɪkjúərəti]	名 [警備、安全] 形 secure 安全な
0755	**guard** [gɑ́ːrd]	名 [警備員]
0756	**taste** [téɪst]	名 [味、好み]
0757	**earthquake** [ə́ːrθkwèɪk]	名 [地震]
0758	**clinic** [klínɪk]	名 [診療所 [クリニック]]
0759	**foundation** [faʊndéɪʃən]	名 [土台、基金] 動 found 基礎を築く

0749 The ground was covered with a (**blanket**) of snow.
地面一面が雪に覆われていた。

0750 Have you ever tried (**shark**) meat?
サメの肉を食べてみたことはありますか？

0751 This town is the (**birth**) place of the famous musician.
この街はその有名な音楽家が誕生した場所です。

0752 The dog (**trainer**) takes good care of his dogs.
犬の訓練士は自分の犬を十分に世話している。

0753 Writing a report is not an easy (**task**) for me.
報告書を書くことは私にとって簡単な仕事ではない。

0754 The safe is guarded by good (**security**).
その金庫は優秀な警備に守られている。

0755 A (**guard**) approached me and asked some questions.
警備員が私に近づいてきて、質問をした。

0756 This fruit has a sweet (**taste**).
この果物は甘みがあります。

0757 A big (**earthquake**) hit the area several years ago.
数年前大きな地震がその地域を襲った。

0758 The new dental (**clinic**) has a good reputation.
その新しい歯科医院は評判が良い。

0759 He is the man who laid the (**foundation**) of this school.
彼はこの学校の基礎を築いた人です。

0760	**standard** [stǽndərd]	名 [標準、水準]
0761	**blood** [blʌ́d]	名 [血] 動 bleed 出血する
0762	**risk** [rísk]	名 [危険] 熟 at risk 危険にさらされて 熟 run a risk 危険を冒す
0763	**territory** [térətɔ̀:ri]	名 [領土、縄張り]
0764	**desire** [dɪzáɪər]	名 [願望] 形 desirable 望ましい
0765	**liquid** [líkwɪd]	名 [液体] 名 solid 固体 名 gas 気体
0766	**scale** [skéɪl]	名 [規模、尺度]
0767	**section** [sékʃən]	名 [部分、欄、区域]
0768	**greenhouse** [grí:nhàus]	名 [温室] 名 greenhouse effect 温室効果 名 greenhouse gas 温室効果ガス
0769	**terminal** [tə́:rmənl]	名 [終点]
0770	**comment** [kɑ́:ment]	名 [論評]

0760 People's (**standard**) of living has been improved.
人々の生活水準が良くなってきた。

0761 She suffers from high (**blood**) pressure.
彼女は高血圧に苦しんでいる。

0762 I want to avoid any (**risk**) of losing my fortune.
私は財産を失うどんな危険も避けたいと思う。

0763 They claimed that the island was their (**territory**).
彼らはその島が自分の領土だと主張した。

0764 We have the (**desire**) to be recognized by others.
我々は他人に認められたいという願望がある。

0765 Ice melts and turns into (**liquid**) above zero degrees.
氷は 0 度を超えると溶けて液体になる。

0766 His plan for space travel is too big in (**scale**).
彼の宇宙旅行計画は規模が大きすぎる。

0767 He was fined for smoking in a non-smoking (**section**).
彼は禁煙区域でタバコを吸って罰金を科せられた。

0768 We should reduce the amount of (**greenhouse**) gasses.
我々は温室効果ガスの量を減らすべきである。

0769 The bus arrived at the (**terminal**) just now.
そのバスはついさっき終点に着きましたよ。

0770 I have no (**comment**) on the chairperson's statement.
議長の発言に関してコメントはありません。

0771	**belief** [bılíːf]	名 [信念、信仰]
0772	**membership** [mémbərʃìp]	名 [会員権]
0773	**echo** [ékou]	名 [こだま、反響]
0774	**accident** [ǽksədənt]	名 [事故、偶然] 熟 by accident 偶然に 副 accidentally 偶然に
0775	**trap** [trǽp]	名 [わな]
0776	**interview** [íntərvjùː]	名 [面接、インタビュー]
0777	**goal** [góul]	名 [目標]
0778	**community** [kəmjúːnəti]	名 [地域社会]
0779	**route** [rúːt]	名 [道筋]
0780	**death** [déθ]	名 [死] 動 die 死ぬ 形 dead 死んでいる　形 dying 死にかけている
0781	**layer** [léıər]	名 [層]

0771 People once had the (**belief**) that the earth was flat.
かつて人々は、地球は平らだと信じていました。

0772 She applied for a (**membership**) of a fitness club.
彼女はフィットネスクラブの会員権を申し込んだ。

0773 Your voice makes an (**echo**) when you shout in a tunnel.
トンネルの中で大声を出すと、こだまする。

0774 I found my lost key by (**accident**) when I was cleaning.
掃除をしていたときになくした鍵を偶然見つけた。

0775 My brother and I caught some crabs in a (**trap**).
弟と私はカニを何匹かわなにかけて捕まえました。

0776 It is important to be calm during a job (**interview**).
就職面接のあいだは落ち着くことが大切である。

0777 Our (**goal**) for this month is to increase sales by 20 %.
我々の今月の目標は売り上げを20%増加することである。

0778 Japan has participated in the international (**community**).
日本は国際社会に参加している。

0779 Which is the shortest (**route**) to your office?
あなたの会社までの最短ルートはどれですか？

0780 There are various opinions about the (**death**) penalty.
死刑についてはさまざまな意見がある。

0781 A big hole has been made in the ozone (**layer**).
オゾン層に大きな穴が開いてしまっている。

0782	**opponent** [əpóunənt]	名 [競争相手]
0783	**brand** [brǽnd]	名 [銘柄]
0784	**session** [séʃən]	名 [会議、集まり]
0785	**generation** [dʒènəréɪʃən]	名 [世代、発生、発電] 動 generate 発生させる、発電する
0786	**competition** [kɑ̀:mpətɪʃən]	名 [競争] 動 compete 競争する
0787	**bar** [bɑ́:r]	名 [棒、飲み屋 [バー]]
0788	**dinosaur** [dáɪnəsɔ̀:r]	名 [恐竜]
0789	**total** [tóutl]	名 [合計]　形 [全体の] 熟 in total 合計で
0790	**bone** [bóun]	名 [骨]
0791	**factor** [fǽktər]	名 [要素、要因]
0792	**graduation** [grædʒuéɪʃən]	名 [卒業]

0782 Computers beat a human (**opponent**) in chess at last.
ついにコンピュータがチェスで人間の対戦相手を打ち負かした。

0783 Let me know your favorite (**brand**) of wine.
お気に入りのワインの銘柄を教えてください。

0784 They held a (**session**) to discuss the subject.
彼らはその話題を議論するために会議を開催した。

0785 This magazine is popular with the new (**generation**).
この雑誌は新しい世代に人気なんです。

0786 She had good results in a swimming (**competition**).
彼女は水泳大会で良い成績を収めた。

0787 My son insisted that I buy him a chocolate (**bar**).
息子が板チョコを買ってくれと言って聞かなかった。

0788 (**Dinosaurs**) went extinct many millions of years ago.
恐竜は何百万年も前に絶滅しました。

0789 He spent a (**total**) of ten thousand dollars on gambling.
彼は合計1万ドルをギャンブルに使った。

0790 He threw a little (**bone**) to the poor dog.
彼はそのかわいそうな犬に小さな骨を一本投げてやった。

0791 I don't know the (**factors**) behind my failure in business.
私には事業における失敗の要因がわからないのです。

0792 Soon after (**graduation**), she married him.
卒業して間もなく、彼女は彼と結婚した。

0793	**grocery** [gróusəri]	名 [食料雑貨店]
0794	**concern** [kənsə́:rn]	名 [関心、心配] 熟 be concerned about~ ～について心配している 熟 be concerned with~ ～に関係[関心]がある
0795	**expectation** [èkspektéɪʃən]	名 [期待、予想] 動 expect 予期する、予想する 熟 be expected to~ ～すると期待されている
0796	**conference** [kɑ́:nfərəns]	名 [会議] 名 meeting 会議、会合
0797	**council** [káunsl]	名 [会議]
0798	**relationship** [rɪléɪʃənʃɪp]	名 [関係、人間関係] 熟 relate A to B AをBに関連づける
0799	**relation** [rɪléɪʃən]	名 [関係] 熟 be related to~ ～と関連している
0800	**behavior** [bɪhéɪvjər]	名 [振る舞い] 動 behave 振る舞う
0801	**board** [bɔ́:rd]	名 [板、委員会] 熟 on board (乗り物に) 乗って
0802	**contract** [kɑ́:ntrækt]	名 [契約]
0803	**fossil** [fɑ́:sl]	名 [化石] 名 fossil fuel 化石燃料

0793 They sell canned fish at low prices at the (**grocery**).
その食料雑貨店では、缶詰の魚を安く売っている。

0794 I had some (**concerns**) about the results of the election.
私はその選挙の結果をいくらか心配していた。

0795 The value of the statue was beyond our (**expectations**).
その彫像の価値は私たちの予想を超えるものだった。

0796 He is going to attend a (**conference**) on women's right.
彼は女性の権利に関する会議に出席することになっている。

0797 He attended the (**council**) of environmental problems.
彼は環境問題に関する会議に出席した。

0798 Humans have to keep a good (**relationship**) with nature.
人間は自然と良い関係を保たなければならない。

0799 The (**relation**) between the two countries is improving.
その 2 つの国の関係は良くなりつつある。

0800 She couldn't overlook her son's terrible (**behavior**).
彼女は息子のひどい振る舞いを見過ごすことはできなかった。

0801 The new prices will be shown on the bulletin (**board**).
新価格は掲示板にて示されます。

0802 The firm exchanged (**contracts**) with the engineer.
その会社はそのエンジニアと契約を交わした。

0803 We have to find an alternative for (**fossil**) fuels.
我々は化石燃料の代替物を見つけなければならない。

0804	**growth** [gróuθ]	名 [成長]
0805	**relative** [rélətɪv]	名 [親戚] 副 relatively 比較的に
0806	**injury** [ín*d*ʒəri]	名 [負傷] 動 injure けがをさせる
0807	**vehicle** [ví:əkl]	名 [乗り物]
0808	**force** [fɔ́:*r*s]	名 [力]　動 [強いる]　熟 force A to~ Aに～するよう強制する　熟 be forced to~ ～せざるを得ない 熟 compel A to~ Aに～するよう強制する
0809	**strength** [stréŋ*k*θ]	名 [力] 動 strengthen 強化する 形 strong 強い
0810	**audience** [ɔ́:diəns]	名 [聴衆、観客] 名 spectator 観客
0811	**dioxide** [daɪɑ́:ksaɪd]	名 [二酸化物] 名 carbon dioxide 二酸化炭素
0812	**enemy** [énəmi]	名 [敵] 名 friend 味方、友だち
0813	**agreement** [əgrí:mənt]	名 [同意、協定] 熟 agree to~ ～に合意する　熟 agree with~ ～に合意する　熟 agree on~ ～について合意する
0814	**species** [spí:ʃi:z]	名 [種]

0804 The speed of a child's (**growth**) is spectacular.
子どもの成長の早さは目を見張るばかりだ。

0805 Their wedding was celebrated by all their (**relatives**).
彼らの結婚はすべての親戚に祝福された。

0806 A small mistake when driving can cause a serious (**injury**).
運転中の小さなミスが大けがの原因となることがある。

0807 Various (**vehicles**) enable our modern way of living.
様々な乗り物が現代の生活様式を可能にしている。

0808 We can't resist the (**force**) of gravitation.
重力に抵抗することはできない。

0809 The (**strength**) of her mind led her to her goal.
精神の強さが彼女を目標へと導いた。

0810 The (**audience**) was moved to listen to his speech.
聴衆は彼の演説を聞いて感動した。

0811 We emit too much carbon (**dioxide**) into the air.
我々は大気中に二酸化炭素を排出しすぎている。

0812 The soldier could escape from the (**enemy**) camp.
その兵士は敵の陣営から逃れることができた。

0813 We reached (**agreement**) about which way to take.
私たちはどちらの道を選ぶべきかに関して合意に達した。

0814 Pandas are on the endangered (**species**) list.
パンダは絶滅危惧種のリストに載っている。

0815	**deadline** [dédlàɪn]	名 [締め切り]
0816	**assignment** [əsáɪnmənt]	名 [任務、宿題] 名 homework 宿題
0817	**mission** [míʃən]	名 [任務、使命]
0818	**duty** [d(j)ú:ti]	名 [任務、税金] 熟 on duty 勤務時間中で 熟 off duty 非番で
0819	**scene** [sí:n]	名 [場面、現場]
0820	**scenery** [sí:nəri]	名 [風景]
0821	**landscape** [lǽn*d*skèɪp]	名 [風景]
0822	**content** [ká:ntent]	名 [内容]
0823	**stock** [stá:k]	名 [在庫品] 熟 out of stock 在庫がない
0824	**resource** [rí:sɔ̀:*rs*]	名 [資源]
0825	**response** [rɪspá:ns]	名 [応答] 動 respond 答える、反応する 熟 respond to~ ～に答える

0815 There are only a few days left before the (**deadline**).
締め切りまでほんの数日しか残っていない。

0816 I have been working on my (**assignment**) for an hour.
宿題に1時間取り組んでいるんだ。

0817 Our daughter is facing the first (**mission**) in her life.
娘が人生で最初の使命に直面している。

0818 It is our (**duty**) to save the natural environment.
自然環境を守ることは我々の義務だ。

0819 He happened to be on the (**scene**) of the accident.
彼はたまたま事故の現場にいた。

0820 The beauty of the (**scenery**) was beyond description.
その風景の美しさは言葉では言い表せないほどだった。

0821 I can't forget the (**landscape**) from the top of Mt. Fuji.
富士山のてっぺんからの景色を忘れることができない。

0822 I had to show the guard the (**contents**) of my bag.
私は警備員にカバンの中身を見せなければならなかった。

0823 Sorry, that item you want is out of (**stock**) now.
すみません、ご希望の商品は今在庫切れです。

0824 We should use natural (**resources**) carefully.
我々は天然資源を注意深く利用するべきである。

0825 His new work of music received a good (**response**).
彼の新しい音楽作品は良い反応を受けた。

0826	**truth** [trúːθ]	名 [真実] 動 trust 信用する 熟 to tell (you) the truth 実を言うと
0827	**permission** [pərmíʃən]	名 [許可] 熟 permit A to~ Aが〜するのを許可する
0828	**campus** [kǽmpəs]	名 [大学の構内 [キャンパス]]
0829	**degree** [dɪgríː]	名 [度、程度]
0830	**expense** [ɪkspéns]	名 [費用] 熟 at the expense of~ 〜を犠牲にして
0831	**furniture** [fə́ːrnɪtʃər]	名 [家具]
0832	**inconvenience** [ìnkənvíːnjəns]	名 [不便、不自由] 名 convenience 便利
0833	**loss** [lɔ́ːs]	名 [損失] 熟 at a loss 困って
0834	**knee** [níː]	名 [膝] 熟 on (one's) hands and knees 四つん這いで
0835	**pain** [péɪn]	名 [痛み] 形 painful 痛い、痛々しい
0836	**pattern** [pǽtərn]	名 [類型 [パターン]]

0826 To tell the (**truth**), I can't believe what he said.
実を言うと、私は彼が言ったことを信じられないのです。

0827 You can't use this parking lot without (**permission**).
許可なくこの駐車場を利用することはできません。

0828 He met his future wife on (**campus**).
彼は大学の構内で将来の妻と出会った。

0829 Water boils at 100 (**degrees**) Celsius.
水は摂氏 100 度で沸騰する。

0830 She finished the job at the (**expense**) of her health.
彼女は健康を犠牲にしてその仕事を終えた。

0831 Please take all this (**furniture**) into my room.
この家具を全部僕の部屋に持っていってください。

0832 The flight being late caused great (**inconvenience**).
飛行機が遅れたことが多大な不便を引き起こした。

0833 Some suffered the (**loss**) of their houses after the war.
戦争の後、家をなくして苦しんでいる人もいた。

0834 He said his (**knee**) hurt when he sat down.
彼は座ったときに膝が痛むと言った。

0835 Doctor, I feel great (**pain**) in my back.
先生、背中がすごく痛いんです。

0836 You have to get used to the climate (**patterns**) here.
あなたはここの天候パターンに慣れなければならない。

0837	**protection** [prətékʃən]	名 [保護] 動 protect 保護する 形 protective 保護する、保護用の
0838	**seed** [sí:d]	名 [種子]
0839	**tax** [tǽks]	名 [税金]
0840	**thunderstorm** [θʌ́ndərstɔ̀:rm]	名 [雷雨]
0841	**highway** [háɪwèɪ]	名 [幹線道路 [ハイウェイ]]
0842	**director** [dəréktər]	名 [監督] 動 direct (方向を) 向ける
0843	**threat** [θrét]	名 [脅威] 動 threaten 脅かす
0844	**biology** [baɪɑ́:lədʒi]	名 [生物学] 形 biological 生物学の 名 biologist 生物学者
0845	**fact** [fǽkt]	名 [事実] 形 factual 事実の、事実に基づく 熟 in fact 実際に、実際のところ
0846	**conclusion** [kənklú:ʒən]	名 [結論] 動 conclude 結論を下す 熟 in conclusion 結論としては
0847	**range** [réɪndʒ]	名 [範囲] 熟 a wide range of~ 幅広い~

0837 A raincoat gives us (**protection**) from getting wet.
レインコートはびしょ濡れになることから保護してくれる。

0838 She planted some tomato (**seeds**) in her garden.
彼女は庭にトマトの種を蒔いた。

0839 What is the consumption (**tax**) rate in Japan?
日本の消費税率は何％ですか？

0840 I heard a (**thunderstorm**) was going to come tomorrow.
明日雷雨が来るって聞いたよ。

0841 He was driving on the (**highway**) at a high speed.
彼は高速で幹線道路を運転していた。

0842 She will be promoted to (**director**) next year.
彼女は来年監督に昇進させてもらえるだろう。

0843 Ken yielded to the (**threat**) and gave Yuki all his money.
ケンは脅迫に屈して、ユキにお金を全部渡した。

0844 She barely passed the (**biology**) test.
彼女はかろうじて生物の試験に合格した。

0845 It's a well-known (**fact**) that she is kindhearted.
彼女が心優しいということは、よく知られた事実である。

0846 We reached the (**conclusion**) that the man was not guilty.
我々はその男性が有罪ではないという結論に至った。

0847 She obtained a wide (**range**) of knowledge at college.
彼女は大学で幅広い知識を得た。

0848	**aspect** [ǽspekt]	名 [局面、側面、観点]
0849	**attitude** [ǽtɪt(j)ù:d]	名 [態度]
0850	**citizen** [sítɪzn]	名 [市民、国民]
0851	**climate** [kláɪmət]	名 [気候] 名 weather 天気
0852	**crowd** [kráud]	名 [群集、人混み]
0853	**mixture** [míkstʃər]	名 [混合物]
0854	**payment** [péɪmənt]	名 [支払い] 動 pay 支払う 熟 pay attention to~ ~に注意を払う 熟 pay back~ ~に返済する
0855	**partner** [pá:rtnər]	名 [仲間 [パートナー]]
0856	**refrigerator** [rɪfrídʒərèɪtər]	名 [冷蔵庫] 名 freezer 冷凍庫
0857	**underwater** [ʌ̀ndərwɔ́:tər]	副 [水中で、水中に]
0858	**manufacturer** [mæ̀njəfǽktʃərər]	名 [製造業者、メーカー] 動 manufacture 製造する

0848 There are good and bad (**aspects**) in our decision.
我々の決定には良い点も悪い点もある。

0849 I didn't like his (**attitude**) toward our invitation.
私たちの招待に対する彼の態度が気に入らなかった。

0850 Adult (**citizens**) have equal voting rights.
成人市民は平等に投票権を持っている。

0851 I can no more put up with the severe (**climate**) here.
ここの厳しい天候にはこれ以上耐えられません。

0852 He couldn't find his wife in the (**crowd**).
彼は人混みの中に妻を見つけることができなかった。

0853 Air is a (**mixture**) of several gasses.
空気はいくつかの気体の混合物です。

0854 He made the last (**payment**) on his apartment.
彼はアパートの最後の支払いをした。

0855 He asked her to go to the hall as his dance (**partner**).
彼は彼女にダンスパートナーとして、ホールに行くように頼んだ。

0856 There is little milk left in the (**refrigerator**).
冷蔵庫にミルクがほとんど残っていません。

0857 There are huge numbers of sea animals (**underwater**).
水中には膨大な数の海洋動物がいる。

0858 He is the founder of a big car (**manufacturer**).
彼は大手自動車メーカーの創設者である。

0859	**manufacturing** [mænjəfæktʃərɪŋ]	名 [製造(業)] 動 manufacture 製造する
0860	**chief** [tʃíːf]	名 [(組織の) 長]
0861	**thief** [θíːf]	名 [泥棒] 名 theft 窃盗
0862	**atmosphere** [ǽtməsfìər]	名 [雰囲気、大気]
0863	**length** [léŋkθ]	名 [長さ] 熟 at length ついに、とうとう
0864	**depth** [dépθ]	名 [深さ] 熟 in depth 徹底的に
0865	**billion** [bíljən]	名 [10億] 名 million 100万 名 trillion 1兆
0866	**branch** [brǽntʃ]	名 [枝、支店] 名 bough 大枝
0867	**joke** [dʒóuk]	名 [冗談]
0868	**plenty** [plénti]	名 [十分] 熟 plenty of~ たくさんの~
0869	**progress** [prɑ́ːgres]	名 [進歩] 熟 make progress 進歩する 形 progressive 進歩的な、斬新な

0859 The (**manufacturing**) industry is growing rapidly.
製造産業が急速に成長しつつある。

0860 She felt responsibility as the (**chief**) of her team.
彼女はチームの長としての責任を感じていた。

0861 The (**thief**) broke into my house through this window.
泥棒がこの窓から私の家に侵入してきた。

0862 Humans are polluting the (**atmosphere**) of the earth.
人間は地球の大気を汚染している。

0863 Do you happen to know the (**length**) of that river?
ひょっとしてあの川の長さをご存知ですか？

0864 The (**depth**) of this lake has never been measured.
この湖の深さは測定されたことが一度もない。

0865 The world population will exceed 8 (**billion**) soon.
間もなく、世界人口が80億を超えるだろう。

0866 There is a little bird singing on the top (**branch**).
てっぺんの枝で小さな鳥がさえずっていた。

0867 She couldn't help laughing at his (**joke**).
彼女は彼の冗談に笑わないではいられなかった。

0868 He saw (**plenty**) of birds flying over his head.
彼は頭上をたくさんの鳥が飛んでいるのを見た。

0869 Science and technology are making great (**progress**).
科学技術が大きく進歩しつつある。

0870	**title** [táɪtl]	名 [表題]
0871	**tourism** [tʊ́ərìzm]	名 [観光産業]
0872	**instructor** [ɪnstrʌ́ktər]	名 [指導者 [インストラクター]] 動 instruct 指導する 名 instruction 指導
0873	**instruction** [ɪnstrʌ́kʃən]	名 [指示] 動 instruct 指導する
0874	**fitness** [fítnəs]	名 [健康]
0875	**checkup** [tʃékʌ̀p]	名 [健康診断]
0876	**preparation** [prèpəréɪʃən]	名 [準備] 熟 prepare for~ ～の準備をする
0877	**arrangement** [əréɪndʒmənt]	名 [準備、調整] 動 arrange 整える、手配する
0878	**jewelry** [dʒú:əlri]	名 [宝石類]
0879	**treasure** [tréʒər]	名 [宝]
0880	**artwork** [á:rtwə̀:rk]	名 [手工芸品、芸術作品]

0870 I forgot the (**title**) of the film you told me about.
君が教えてくれた映画のタイトルを忘れてしまったんだ。

0871 The economy of the country depends on (**tourism**).
その国の経済は観光に依存している。

0872 He has been a ski (**instructor**) in Nagano prefecture.
彼は長野県でスキーインストラクターをしています。

0873 She gave me some (**instructions**) on staying healthy.
彼女が僕に健康でいる方法を指導してくれました。

0874 She goes to the gym to improve her (**fitness**).
彼女は健康状態を改善するためにジムに通っている。

0875 You should have a physical (**checkup**) once a year.
1年に1回健康診断を受けるべきだよ。

0876 The (**preparation**) for space travel will take a long time.
宇宙旅行の準備には長い時間がかかるだろう。

0877 He made (**arrangements**) for the bus to arrive on time.
彼はバスが時間通りに到着するよう調整した。

0878 She is wearing a wonderful piece of (**jewelry**).
彼女は素晴らしい宝石を身につけている。

0879 He cherishes his son as his (**treasure**).
彼は息子を宝物のように大切にしている。

0880 The museum shows a lot of (**artwork**) from France.
その博物館はフランスから来たたくさんの芸術作品を展示している。

0881	**expression** [ɪkspréʃən]	名 [表現] 動 express 表現する
0882	**amateur** [ǽmətʃùər]	名 [素人、愛好家]
0883	**association** [əsòusiéɪʃən]	名 [協会、団体] 熟 be associated with~ ～に関連している
0884	**cancer** [kǽnsər]	名 [(病気の) がん]
0885	**conduct** [kɑ́:ndʌkt]	名 [行動、運営]
0886	**departure** [dɪpɑ́:rtʃər]	名 [出発] 動 depart 出発する
0887	**desert** [dézərt]	名 [砂漠]　動 [見捨てる] 名 dessert デザート
0888	**dessert** [dɪzé:rt]	名 [デザート] 名 desert 砂漠
0889	**elementary** [èləméntəri]	形 [初歩的な] 名 elementary school 小学校
0890	**extinction** [ɪkstíŋkʃən]	名 [絶滅] 形 extinct 絶滅している　熟 go extinct 絶滅する 動 extinguish 絶滅させる、消滅させる
0891	**insurance** [ɪnʃúərəns]	名 [保険]

0881 Her facial (**expression**) told me that she was angry.

彼女の顔の表情を見れば腹を立てているのがわかった。

0882 My elder sister is an enthusiastic (**amateur**) in music.

僕の姉は熱心な音楽愛好家なんです。

0883 An (**association**) to promote social welfare was formed.

社会福祉を促進する団体が結成された。

0884 Smoking may be one of the causes of lung (**cancer**).

喫煙は肺がんの原因の一つかもしれない。

0885 He was praised by his teacher for his good (**conduct**).

彼は良い行動をしたので先生にほめられた。

0886 If it snows, we will put off our (**departure**).

もし雪が降ったら、出発を延期します。

0887 (**Desert**) areas over the world are expanding rapidly.

世界中で砂漠地帯が急速に拡大している。

0888 The (**dessert**) after dinner was chocolate ice cream.

夕食後のデザートはチョコレートアイスクリームだった。

0889 (**Elementary**) school children love this anime character.

小学生はこのアニメキャラクターが大好きです。

0890 Many animals are faced with the crisis of (**extinction**).

たくさんの動物が絶滅の危機に直面している。

0891 You should have (**insurance**) in case of fire.

火事の場合に備えて保険に入っておくべきだよ。

0892	**journey** [dʒə́ːrni]	名 [旅行]
0893	**literature** [lítərətʃər]	名 [文学] 形 literary 文学の
0894	**motorcycle** [móutərsàikl]	名 [オートバイ]
0895	**muscle** [mʌ́sl]	名 [筋肉]
0896	**refund** [ríːfʌ̀nd]	名 [返金]
0897	**semester** [səméstər]	名 [(2学期制の) 学期]
0898	**version** [və́ːrʒən]	名 [版]
0899	**victor** [víktər]	名 [勝利者] 名 victory 勝利、優勝
0900	**witness** [wítnəs]	名 [目撃者]
0901	**architect** [ɑ́ːrkətèkt]	名 [建築家] 名 architecture 建築、建築術
0902	**builder** [bíldər]	名 [建築業者]

0892 She will soon start a (**journey**) to Europe.
彼女はもうすぐヨーロッパ旅行を始めるつもりだ。

0893 She is a student in the English (**literature**) department.
彼女は英文学部の学生です。

0894 I got a driver's license for (**motorcycles**) the other day.
先日オートバイの運転免許を取ったんです。

0895 He continues training to strengthen his (**muscles**).
彼は筋肉を強くするためにトレーニングを続けている。

0896 The game was canceled, so we asked for a (**refund**).
試合が中止になったので、私たちは返金を要求したんです。

0897 After the holidays, the second (**semester**) begins.
休暇が終わると、2 学期が始まる。

0898 Did you read any Shakespeare in the original (**version**)?
原作でシェークスピアの作品を何か読んだのかい？

0899 The (**victor**) will be given an award of 100 dollars.
勝者には 100 ドルの賞金が与えられます。

0900 The police looked for (**witnesses**) to the theft.
警察が窃盗事件の目撃者を捜した。

0901 He is one of the leading (**architects**) in Japan.
彼は日本を代表する建築家の一人です。

0902 We will request a (**builder**) to reform my son's room.
建築業者に息子の部屋を改装するように依頼するつもりだ。

0903	**structure** [strʌ́ktʃər]	名 [建造物、構造]
0904	**childhood** [tʃáɪldhʊ̀d]	名 [子ども時代]
0905	**container** [kəntéɪnər]	名 [容器] 動 contain 含む
0906	**critic** [krítɪk]	名 [評論家]
0907	**faith** [féɪθ]	名 [信頼、信仰]
0908	**width** [wídθ]	名 [幅] 形 wide 幅広い
0909	**collaboration** [kəlæ̀bəréɪʃən]	名 [共同、協力]
0910	**prospect** [prɑ́:spekt]	名 [見込み、見通し]
0911	**mechanic** [mɪkǽnɪk]	名 [機械工、修理工]
0912	**hospitality** [hɑ̀:spətǽləti]	名 [接待、親切なもてなし]
0913	**sphere** [sfíər]	名 [球体]

0903 They examined the (**structure**) of the molecule.
彼らはその分子の構造を調べた。

0904 The Internet didn't exist in our (**childhood**).
僕たちの子ども時代にはインターネットなんかなかったよ。

0905 We need a (**container**) for these chocolate bars.
これらのチョコレートバーのための容器が必要だ。

0906 Her works are highly praised by many art (**critics**).
彼女の作品は多くの美術評論家たちに高く称賛されている。

0907 He made false statements and lost our (**faith**).
彼は虚偽の発言をして、我々の信頼を失った。

0908 The (**width**) of the river must be measured.
その川の幅を測定しなければならない。

0909 New products were born in (**collaboration**) with them.
彼らとの共同で新製品が誕生した。

0910 They have good (**prospects**) of winning the match.
彼らが試合に勝つ見込みは十分にある。

0911 He asked a (**mechanic**) to repair his car.
彼は機械工に車を修理するように頼んだ。

0912 We cannot thank you enough for your (**hospitality**).
おもてなしに対していくら感謝してもし足りません。

0913 Some people claim that the earth is not a (**sphere**).
地球が球体ではないと主張する人もいる。

0914	**revenge** [rɪvéndʒ]	名 [復讐] 熟 take revenge 復讐する
0915	**shelter** [ʃéltər]	名 [避難所、隠れ家]
0916	**ambition** [æmbíʃən]	名 [野心、大きな夢]
0917	**symbol** [símbl]	名 [象徴、記号] 熟 symbolic 象徴的な
0918	**circumstance** [sə́:rkəmstæ̀ns]	名 [状況]
0919	**clerk** [klə́:rk]	名 [店員、事務員]
0920	**courage** [kə́:rɪdʒ]	名 [勇気]　熟 encourage A to~ Aが～するように励ます　熟 discourage A from -ing Aを説得して～するのをやめさせる
0921	**court** [kɔ́:rt]	名 [裁判所]
0922	**fame** [féɪm]	名 [名声、評判] 形 famous 有名な
0923	**fortune** [fɔ́:rtʃən]	名 [運、財産] 形 fortunate 裕福な、幸運な 名 fortune teller 占い師
0924	**instrument** [ínstrəmənt]	名 [道具、楽器] 名 musical instrument 楽器

0914 At the scene, the hero decides to take (**revenge**).
その場面で、主人公が復讐すると決意する。

0915 This park is a (**shelter**) in the case of disaster.
この公園は災害の場合の避難所である。

0916 He has (**ambition**) to be the manager of the shop.
彼にはその店のマネージャーになるという野心がある。

0917 The dove is often seen as a (**symbol**) of peace.
鳩が平和の象徴と見なされることがよくある。

0918 Lying is permitted under some (**circumstances**).
嘘をつくことが許される状況もある。

0919 A convenience store (**clerk**) asked for my ID.
コンビニの店員が私の身分証を求めた。

0920 She doesn't have the (**courage**) to speak in public.
彼女には人前で話す勇気がない。

0921 Giving false testimony in (**court**) is a crime.
裁判所で偽りの証言をすることは犯罪である。

0922 He earned his (**fame**) and fortune by painting.
彼は絵画で名声と富を得た。

0923 She had the good (**fortune**) of seeing her children again.
彼女は幸運にも子どもたちと再会できた。

0924 My daughter wants to play a musical (**instrument**).
娘は何か楽器を演奏したがっている。

0925	**labor** [léɪbər]	名 [労働]
0926	**opinion** [əpínjən]	名 [意見]
0927	**ray** [réɪ]	名 [光線]
0928	**remark** [rɪmá:rk]	名 [発言]
0929	**vision** [víʒən]	名 [視力、視野]
0930	**eyesight** [áɪsàɪt]	名 [視力、視野]
0931	**vegetarian** [vèdʒətéəriən]	名 [菜食主義者、ベジタリアン]
0932	**army** [á:rmi]	名 [軍] 名 arms 兵器、武器
0933	**beauty** [bjú:ti]	名 [美、美人]
0934	**beginner** [bɪgínər]	名 [初心者 [ビギナー]]
0935	**stream** [strí:m]	名 [流れ、小川]

0925 Doing the dishes is hard (**labor**) for me.
洗い物は私には重労働だ。

0926 My (**opinion**) is similar to yours in some points.
私の意見はあなたの意見といくつかの点で似ている。

0927 It takes the sun's (**rays**) 8 minutes to reach the earth.
太陽光線が地球に到達するのに 8 分かかる。

0928 I have to apologize for my rude (**remarks**) yesterday.
私は昨日の失礼な発言を詫びなければならない。

0929 She aids her (**vision**) with contact lenses.
彼女はコンタクトレンズで視力を補っている。

0930 How good your (**eyesight**) is to find such a small pin!
そんな小さなピンを見つけるなんて、あなたの視力は本当にいいね！

0931 He doesn't eat steak because he is a (**vegetarian**).
彼はベジタリアンなのでステーキは食べない。

0932 They have to enter the (**army**) at the age of 20.
彼らは 20 歳になると軍隊に入隊しなければならない。

0933 The (**beauty**) of the scenery was beyond description.
その風景の美しさは言葉では言い表せないほどだった。

0934 This computer is easy for a (**beginner**) to operate.
このコンピュータは初心者に扱いやすい。

0935 His project is like swimming against the (**stream**).
彼の計画は流れに逆らって泳ぐようなものだ。

0936 **positive** [pá:zətɪv]
形 [積極的な、前向きな]
形 negative 否定的な、消極的な

0937 **negative** [négətɪv]
形 [否定的な、消極的な]
形 positive 積極的な、前向きな

0938 **private** [práɪvət]
形 [私的な]
熟 in private 内緒で、内密に
形 public 公の、公共の

0939 **personal** [pə́:rsənl]
形 [個人的な]
名 personnel 全職員、人事課

0940 **dramatic** [drəmǽtɪk]
形 [劇的な]
副 dramatically 劇的に

0941 **reasonable** [rí:znəbl]
形 [妥当な]

0942 **commercial** [kəmə́:rʃəl]
形 [商業の]　名 [コマーシャル]
名 commerce 商業
名 commercial message コマーシャル、広告

0943 **loose** [lú:s]
形 [ゆるんだ、たるんだ]

0944 **smooth** [smú:ð]
形 [滑らかな]

0945 **manual** [mǽnjuəl]
形 [手の、手作業の]

0946 **cultural** [kʌ́ltʃərəl]
形 [文化の]
名 culture 文化

0936 She is a person with a (**positive**) way of thinking.
彼女は前向きな考え方の人だ。

0937 He has a (**negative**) attitude toward my opinion.
彼は僕の意見に否定的な態度をとっている。

0938 She takes a (**private**) violin lesson once a week.
彼女は週に 1 回バイオリンの個人レッスンを受けている。

0939 In my (**personal**) opinion, we should change our plan.
私の個人的な意見では、計画を変更するべきです。

0940 Japan experienced (**dramatic**) progress after the war.
日本は戦後、劇的な進歩を経験した。

0941 There is no (**reasonable**) excuse to start a war.
戦争を始めることに妥当な理由などない。

0942 Our city has grown into a (**commercial**) town.
私たちの町は成長して商業都市になった。

0943 The schedule is quite (**loose**), so feel free to adjust it.
スケジュールはかなりゆるいので、自由に調整してください。

0944 The surface of the sea is very (**smooth**) tonight.
今夜は海の表面が滑らかだな。

0945 He earns his living by doing (**manual**) labor part-time.
彼は肉体労働のアルバイトをして生計を立てている。

0946 We should take (**cultural**) differences into account.
我々は文化の違いを考慮に入れるべきである。

0947	**worldwide** [wə́:rldwáɪd]	形 [世界的な]
0948	**tough** [tʌ́f]	形 [難しい]
0949	**alternative** [ɔ:ltə́:rnətɪv]	形 [代わりの]
0950	**essential** [ɪsénʃəl]	形 [必須の] 副 essentially 本質的に
0951	**financial** [fɪnǽnʃəl]	形 [財政上の]
0952	**complex** [kɑ̀:mpléks]	形 [複雑な]
0953	**solar** [sóulər]	形 [太陽の]
0954	**sudden** [sʌ́dn]	形 [突然の] 熟 all of a sudden 突然
0955	**flexible** [fléksəbl]	形 [柔軟な]
0956	**tasty** [téɪsti]	形 [おいしい]
0957	**historical** [hɪstɔ́:rɪkl]	形 [歴史の] 形 historic 歴史的に有名な 名 historian 歴史学者

0947 The (**worldwide**) weather patterns are changing rapidly.
世界中の天候パターンが急速に変化しようとしている。

0948 It was (**tough**) for me to finish the report in a week.
私が１週間で報告書を書き終えるのは難しかった。

0949 Please give us an (**alternative**) plan if you object to ours.
私たちの計画に反対するなら代わりの計画を出してください。

0950 Water is (**essential**) for all living things to survive.
水はすべての生き物が生きていくのに不可欠です。

0951 I can't join a fitness club for (**financial**) reasons.
私は財政上の理由でそのフィットネスクラブには入れない。

0952 I'm sorry if my explanation was too (**complex**).
説明が複雑すぎたのならごめんなさい。

0953 They are searching for a way to reuse (**solar**) energy.
彼らは太陽エネルギーを再利用する方法を探している。

0954 Take your umbrella in case of a (**sudden**) shower.
突然の雨に備えて傘を持って行きなさい。

0955 We approach everything with (**flexible**) thinking.
私たちは柔軟な思考であらゆることに取り組んでおります。

0956 All foods are (**tasty**) and cheap at that restaurant.
そのレストランの料理はすべておいしくて安い。

0957 Oda Nobunaga is a famous (**historical**) person.
織田信長は有名な歴史上の人物です。

No.	単語	発音	意味・関連語
0958	**general**	[dʒénərəl]	形 [一般的な] 熟 in general 一般的に　副 generally 一般に 熟 generally speaking 一般的に言って
0959	**unexpected**	[ʌ̀nɪkspéktɪd]	形 [思いがけない] 熟 expect A to~ Aが~すると予期 [予測] する 名 expectation 予期、予測、期待
0960	**urban**	[ə́:rbən]	形 [都会の] 形 suburban 郊外の
0961	**unlikely**	[ʌnláɪkli]	形 [ありそうもない] 熟 be unlikely to~ ~しそうにない 形 likely ありそうな
0962	**wealthy**	[wélθi]	形 [裕福な] 名 wealth 富、財産
0963	**responsible**	[rɪspá:nsəbl]	形 [責任がある] 熟 be responsible for~ ~に対して責任がある 名 responsibility 責任
0964	**individual**	[ìndəvídʒuəl]	形 [個々の、個人の]
0965	**annual**	[ǽnjuəl]	形 [年１回の]
0966	**frequent**	[frí:kwənt]	形 [頻繁な] 副 frequently 頻繁に 名 frequency 頻度
0967	**temporary**	[témpərèri]	形 [一時的な] 副 temporarily 一時的に 形 contemporary 同時代の、現代の
0968	**tiny**	[táɪni]	形 [とても小さい] 形 huge 巨大な、莫大な

0958 The king actively listens to the (**general**) opinion.
その王は一般の意見に積極的に耳を傾ける。

0959 I was surprised at her (**unexpected**) remark.
私は彼女の予期せぬ発言に驚いた。

0960 He can't stand the noise of the (**urban**) life anymore.
彼は都会生活の喧騒にこれ以上我慢できない。

0961 It is (**unlikely**) that she is lying to us.
彼女が僕たちに嘘をついている、なんていうことはありそうにない。

0962 We are looking for a (**wealthy**) person to invest in us.
我々に投資してくれる裕福な人を探している。

0963 A pilot is (**responsible**) for the safety of the flight.
パイロットは飛行の安全性に責任がある。

0964 The downloaded image is only for (**individual**) use.
ダウンロードした画像は個人的な利用に限ります。

0965 The pupils are looking forward to the (**annual**) event.
生徒たちは1年に1回の行事を楽しみにしている。

0966 She suffers from (**frequent**) headaches.
彼女は頻繁な頭痛に悩んでいる。

0967 He is going to a (**temporary**) break next week.
彼は来週、一時的な休養に入ることになっています。

0968 A (**tiny**) amount of radiation was detected.
ごく少量の放射線が見つかった。

0969	**actual** [ǽktʃuəl]	形 [現実の、実際の] 副 actually 実際に
0970	**realistic** [rìːəlístɪk]	形 [現実的な] 名 reality 現実
0971	**empty** [émpti]	形 [空（から）の] 形 full いっぱいの、満タンの
0972	**opposite** [ɑ́ːpəzɪt]	形 [反対の]
0973	**contrary** [kɑ́ːntrèri]	形 [反対の] 熟 on the contrary それどころか 熟 contrary to~ ～に反して
0974	**suitable** [súːtəbl]	形 [ふさわしい] 熟 be suitable for~ ～に向いている
0975	**female** [fíːmeɪl]	形 [女性の、メスの] 形 male 男性の、オスの
0976	**aware** [əwéər]	形 [気づいている] 熟 be aware of~ ～に気づいている 名 awareness 意識
0977	**physical** [fízɪkəl]	形 [身体の、物理的な] 名 physics 物理学
0978	**single** [síŋgl]	形 [単一の、独身の] 熟 every single~ ありとあらゆる～
0979	**overall** [óuvərɔ̀ːl]	形 [全体の]

0969 No one knows his (**actual**) age.
彼の実際の年齢を知る者は誰もいない。

0970 Is there a (**realistic**) possibility of a time machine?
タイムマシーンの現実的な可能性はあるだろうか？

0971 You can sit down on any (**empty**) seat.
空いてる席ならどこでも座っていいよ。

0972 A lady is waving on the (**opposite**) side of the road.
女性が道路の反対側で手を振っている。

0973 (**Contrary**) to the weather report, it began to rain.
天気予報に反して、雨が降り出した。

0974 The climate of this area is (**suitable**) for pineapples.
この地域の天候はパイナップルに適している。

0975 She is a member of an organization for (**female**) rights.
彼女は女性の権利を求める団体の一員である。

0976 Are you really (**aware**) of how dangerous smoking is?
喫煙がどれほど危険か本当に気づいているの？

0977 He was tired from the (**physical**) labor and quit his job.
彼は肉体労働に疲れて仕事を辞めてしまった。

0978 There is not a (**single**) weak point in his character.
彼の性格には短所が一つもない。

0979 The (**overall**) results of our project were satisfactory.
私たちの事業の全体的な結果は満足のいくものだった。

0980	**obvious** [á:bviəs]	形 [明らかな]
0981	**plain** [pléɪn]	形 [わかりやすい、明白な]
0982	**outdoor** [áutdɔ̀:*r*]	形 [戸外の] 形 indoor 屋内の
0983	**outer** [áutə*r*]	形 [外側の] 形 inner 内側の
0984	**poisonous** [pɔ́ɪzənəs]	形 [有毒な] 名 poison 毒
0985	**elderly** [éldə*r*li]	形 [年配の]
0986	**typical** [típɪkl]	形 [典型的な]
0987	**previous** [prí:viəs]	形 [前の] 副 previously 以前は
0988	**former** [fɔ́:*r*mə*r*]	形 [前の] 形 latter 後のほうの
0989	**rural** [rúərəl]	形 [田舎の]
0990	**dead** [déd]	形 [死んでいる]

0980 It is (**obvious**) that he is the best novelist in the world.
彼が世界で最も優秀な小説家であることは明らかだ。

0981 Please explain it to me in (**plain**) English.
それを私にわかりやすい英語で説明してください。

0982 We let our children to join the (**outdoor**) activity.
私たちは子どもたちを野外活動に参加させてやった。

0983 A frog in the well doesn't know the (**outer**) world.
井戸の中のカエルは外の世界を知らない。

0984 Doesn't this liquid include any (**poisonous**) substances?
この液体は有毒物質を何も含んでいませんか？

0985 She takes smartphone lessons for (**elderly**) people.
彼女は年配の人々のためのスマホ教室を受講している。

0986 Give me some (**typical**) examples of Thai food.
典型的なタイ料理の例をいくつか教えてください。

0987 I met and talked to him on the (**previous**) day.
私はその前日に彼と会って話しましたよ。

0988 Jet travel was unbelievable in (**former**) times.
前の時代にはジェット機による旅は信じられないものだった。

0989 I would like to lead an easy life in a (**rural**) area.
田舎の地域で気楽な生活を送りたいな。

0990 The batteries had gone (**dead**) and were replaced.
電池が切れていたので他のに取り替えられた。

0991	**costly** [kɔ́(:)stli]	形 [費用がかかる] 熟 at the cost of~ ～を犠牲にして
0992	**independent** [ìndɪpéndənt]	形 [独立した] 熟 be independent of~ ～から独立している
0993	**urgent** [ə́:rdʒənt]	形 [緊急の]
0994	**eastern** [í:stərn]	形 [東の]
0995	**western** [wéstərn]	形 [西の]
0996	**northwestern** [nɔ̀:rθwéstərn]	形 [北西の]
0997	**southeast** [sàuθí:st]	形 [南東の]
0998	**southwestern** [sàuθwéstərn]	形 [南西の]
0999	**vague** [véɪg]	形 [はっきりしない]
1000	**ideal** [aɪdí:əl]	形 [理想的な]
1001	**pleasant** [pléznt]	形 [楽しい、心地よい] 形 unpleasant 不快な、嫌な 動 please 喜ばせる

0991 The motorbike is so (**costly**) that I can't afford it.
そのオートバイはとても高いので、私はそれを買う余裕がない。

0992 It is time for you to be (**independent**) of your parents.
君は両親から独立してもいい頃だよ。

0993 (**Urgent**) business prevented him from joining us.
急用のせいで彼は私たちに加わることができなかった。

0994 My hometown is in the (**eastern**) part of Japan.
私の故郷は日本の東部にあります。

0995 The (**western**) part of the town is full of natural beauty.
その町の西部には自然の美がいっぱいだ。

0996 The (**northwestern**) region of the country is cold.
その国の北西部は寒い。

0997 The development of (**Southeast**) Asia is spectacular.
東南アジアの発展はめざましい。

0998 The tribe has its origin in the (**southwestern**) district.
その部族は南西部に起源を持つ。

0999 His reply was too (**vague**) to know his intention.
彼の返事が曖昧すぎて彼の意図がわからない。

1000 We tried to find an (**ideal**) way of educating children.
我々は子どもを教育する理想的な方法を見つけようとした。

1001 We had a chat and a (**pleasant**) time at the café.
僕たちは喫茶店でおしゃべりをして楽しい時間を過ごした。

1002	**practical** [prǽktɪkəl]	形 [実用的な、現実的な] 熟 in practice 実際には
1003	**offensive** [əfénsɪv]	形 [攻撃的な、不快な] 動 offend 感情を害する
1004	**abrupt** [əbrʌ́pt]	形 [突然の、不意の] 形 sudden 突然の
1005	**necessary** [nésəsèri]	形 [必要な] 形 unnecessary 不必要な
1006	**common** [kɑ́:mən]	形 [共通の、よくある]
1007	**local** [lóʊkl]	形 [地元の、その土地の]
1008	**cheap** [tʃí:p]	形 [安い、安価な] 形 inexpensive 安い、安価な
1009	**appropriate** [əpróupriət]	形 [正しい、適切な]
1010	**brief** [brí:f]	形 [短い]
1011	**comfortable** [kʌ́mfərtəbl]	形 [快適な、心地よい] 形 uncomfortable 不快な、嫌な
1012	**excellent** [éksələnt]	形 [優れた、優秀な]

1002 It's not (**practical**) to realize your dream all by yourself.
君だけの力で夢を実現することは現実的でない。

1003 We can't understand their (**offensive**) attitude toward us.
私たちに対する彼らの攻撃的な態度が理解できない。

1004 The (**abrupt**) storm kept me from leaving the station.
突然の嵐のせいで私は駅から出られなくなった。

1005 An additional charge is (**necessary**) to use this seat.
この座席を利用するには追加料金が必要です。

1006 It is (**common**) to forget what you have come to do.
何をしに来たのか忘れることはよくあることだ。

1007 This is not national news but (**local**) news.
これは全国ニュースではなく地元のニュースです。

1008 I make it a rule to eat only (**cheap**) and delicious food.
私は安くておいしいものしか食べないことにしている。

1009 It is (**appropriate**) to listen to the opinions of others.
他人の意見に耳を傾けることは正しい。

1010 I have visited Kyoto for only a (**brief**) period of time.
私はほんの短い期間だけ京都を訪れたことがある。

1011 I found it (**comfortable**) to sit on the sofa.
私はそのソファに座っているのが快適だとわかった。

1012 We were moved by the girl's (**excellent**) talent.
私たちはその女の子の優れた才能に感動した。

1013	**fair** [féər]	形 [公平な、公正な]
1014	**flat** [flǽt]	形 [平らな]
1015	**superior** [su(:)píəriər]	形 [優れている]
1016	**inferior** [ɪnfíəriər]	形 [劣っている]
1017	**senior** [sí:njər]	形 [年上の]
1018	**junior** [dʒú:njər]	形 [年下の]
1019	**maximum** [mǽksəməm]	形 [最大の]
1020	**minimum** [mínɪməm]	形 [最小の]
1021	**powerful** [páuərfl]	形 [強力な] 形 mighty 強力な
1022	**alive** [əláɪv]	形 [生きている]
1023	**double** [dʌ́bl]	形 [2倍の] 形 triple 3倍の

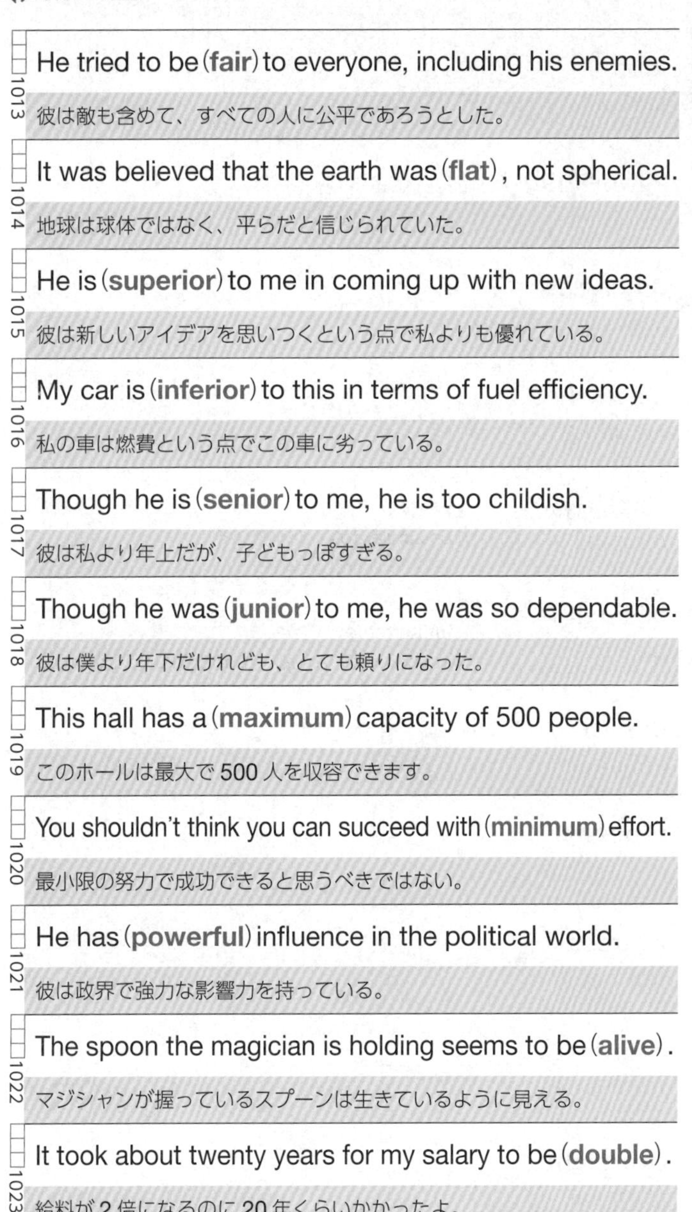

1013 He tried to be (**fair**) to everyone, including his enemies.
彼は敵も含めて、すべての人に公平であろうとした。

1014 It was believed that the earth was (**flat**), not spherical.
地球は球体ではなく、平らだと信じられていた。

1015 He is (**superior**) to me in coming up with new ideas.
彼は新しいアイデアを思いつくという点で私よりも優れている。

1016 My car is (**inferior**) to this in terms of fuel efficiency.
私の車は燃費という点でこの車に劣っている。

1017 Though he is (**senior**) to me, he is too childish.
彼は私より年上だが、子どもっぽすぎる。

1018 Though he was (**junior**) to me, he was so dependable.
彼は僕より年下だけれども、とても頼りになった。

1019 This hall has a (**maximum**) capacity of 500 people.
このホールは最大で 500 人を収容できます。

1020 You shouldn't think you can succeed with (**minimum**) effort.
最小限の努力で成功できると思うべきではない。

1021 He has (**powerful**) influence in the political world.
彼は政界で強力な影響力を持っている。

1022 The spoon the magician is holding seems to be (**alive**).
マジシャンが握っているスプーンは生きているように見える。

1023 It took about twenty years for my salary to be (**double**).
給料が 2 倍になるのに 20 年くらいかかったよ。

1024	**thus** [ðʌ́s]	副 [このように、したがって]
1025	**surprisingly** [sərpráɪzɪŋli]	副 [驚くほど（に）]
1026	**otherwise** [ʌ́ðərwàɪz]	副 [そうでなければ]
1027	**meanwhile** [mí:nhwàɪl]	副 [一方、その間に]
1028	**similarly** [símələrli]	副 [同様に] 熟 be similar to~ ～に似ている
1029	**besides** [bɪsáɪdz]	副 [そのうえ] 副 furthermore そのうえ 熟 in addition そのうえ　副 additionally そのうえ
1030	**greatly** [gréɪtli]	副 [大いに]
1031	**properly** [prá:pərli]	副 [きちんと]
1032	**overseas** [òuvərsí:z]	副 [海外で]
1033	**overtime** [óuvərtàɪm]	副 [時間外に]
1034	**overnight** [óuvərnáɪt]	副 [一晩中、夜通し]

1024 The novel was great and (**thus**) was awarded a prize.
その小説は素晴らしく、したがって賞を授けられた。

1025 (**Surprisingly**), her son returned safe.
驚いたことに、彼女の息子が無事に帰ってきた。

1026 He told me a lie; (**otherwise**), I would have forgiven him.
彼は僕に嘘をついた。そうでなければ許していたんだけど。

1027 His wife went shopping. (**Meanwhile**), he cleaned.
奥さんは買い物に出かけた。そのあいだに、彼は掃除をした。

1028 I am to blame, but you are (**similarly**) responsible.
私のせいではあるが、あなたも同様に責任がある。

1029 It was very cold that night. (**Besides**), it began to rain.
その晩はとても寒かった。そのうえ、雨も降り出した。

1030 The situation of a person is (**greatly**) influenced by others.
人の状況というものは他人に大いに影響される。

1031 My personal computer doesn't work (**properly**).
僕のパソコンが正しく動作しないんだ。

1032 I had wonderful experiences when I lived (**overseas**).
海外で暮らしていたときは素晴らしい経験をしたよ。

1033 He worked (**overtime**) to achieve his goal.
彼は目標を達成するために時間外労働をした。

1034 She stayed out (**overnight**) and caught a cold.
彼女は一晩中外にいて、風邪をひいた。

1035	**nowadays** [náʊədèɪz]	副 [近頃は] 熟 these days 近頃は
1036	**frequently** [fríːkwəntli]	副 [頻繁に] 形 frequent 頻繁な 名 frequency 頻度
1037	**traditionally** [trədíʃənəli]	副 [伝統的に] 名 tradition 伝統 形 traditional 伝統的な
1038	**naturally** [nætʃərəli]	副 [自然に] 形 natural 自然の、当然の
1039	**fully** [fúli]	副 [完全に] 形 full いっぱいの、満タンの、完全な
1040	**perfectly** [pə́ːrfɪktli]	副 [完全に] 形 perfect 完全な
1041	**entirely** [ɪntáɪərli]	副 [完全に] 形 entire 全体の
1042	**apart** [əpáːrt]	副 [離れて] 熟 apart from~ ～から離れて、～は別として
1043	**widely** [wáɪdli]	副 [広く]
1044	**mostly** [móustli]	副 [たいてい] 熟 at most せいぜい
1045	**accidentally** [æksədéntəli]	副 [偶然に] 名 accident 事故、偶然 熟 by accident 偶然に

1035 We can buy a computer at a low price (**nowadays**).
最近は安い値段でコンピュータを買うことができる。

1036 He (**frequently**) goes abroad on business.
彼は頻繁に商用で海外に出かける。

1037 The myth has been (**traditionally**) believed by them.
その神話は伝統的に人々に信じられてきた。

1038 In a job interview, you should behave (**naturally**).
仕事の面接では自然に振る舞うべきである。

1039 He is (**fully**) satisfied with the results of the election.
彼は選挙の結果に完全に満足している。

1040 I'm (**perfectly**) convinced that the theory is right.
私はその理論が正しいと完全に納得している。

1041 The enemy country (**entirely**) conquered that area.
敵国がその地域を完全に征服した。

1042 Her office is far (**apart**) from the center of the city.
彼女の会社は市の中心地から遠く離れている。

1043 It is (**widely**) recognized that she is an honest person.
彼女が正直な人だということは広く認められている。

1044 He (**mostly**) watches movies but is now sleeping.
彼はたいてい映画を見ているが、今は眠っている。

1045 The astronomer (**accidentally**) found a new galaxy.
その天文学者は偶然、新しい星雲を見つけた。

1046	**automatically** [ɔ̀:təmǽtɪkəli]	副 [自動的に、無意識に] 形 automatic 自動的な、無意識の
1047	**loudly** [láʊdli]	副 [大声で、大きな音で] 形 loud (声・音が) 大きい
1048	**commonly** [kɑ́:mənli]	副 [一般に] 形 common 共通の、よくある
1049	**previously** [prí:viəsli]	副 [以前に] 形 previous 以前の
1050	**closely** [klóʊsli]	副 [密接に] 熟 be close to~ ～に近い
1051	**elsewhere** [élshwèə*r*]	副 [どこか他で]
1052	**fairly** [féə*r*li]	副 [かなり]
1053	**partly** [pɑ́:*r*tli]	副 [部分的に] 熟 in part 部分的に
1054	**slightly** [sláɪtli]	副 [わずかに] 形 slight わずかな
1055	**per** [pə́:*r*]	前 [～につき]
1056	**except** [ɪksépt]	前 [～を除いて] 熟 except for~ ～を除いて 名 exception 例外

1046 Push this button to open the door (**automatically**).
ドアを自動的に開けるためにはこのボタンを押してください。

1047 I can hear you, and so you need not speak so (**loudly**).
聞こえているよ、だからそんな大声で話さなくていいよ。

1048 His theory on the universe is (**commonly**) accepted.
宇宙に関する彼の理論は一般に受け入れられている。

1049 There was (**previously**) a post office here.
以前はここに郵便局があった。

1050 The twin sisters (**closely**) resemble each other.
その双子はお互いにとてもよく似ている。

1051 Please listen to music (**elsewhere**). I'm studying.
どこか他の場所で音楽を聞いてくれ。勉強してるんだ。

1052 He made a pudding (**fairly**) well though he is a beginner.
彼は初心者なのにかなり上手にプリンを作った。

1053 I'm (**partly**) for your plan, but I can't agree completely.
あなたの計画には部分的に賛成だが、完全に同意しているわけではない。

1054 She felt (**slightly**) feverish because of her cold.
彼女は風邪のせいでわずかに熱っぽいと感じた。

1055 We would go fishing several times (**per**) month.
僕たちは月に何度かよく釣りに出かけたものだった。

1056 He has read all the books here (**except**) this one.
彼はこれを除くと、ここにある本は全部読んでいる。

1057	**somebody**	[sʌ́mbɑ̀:di]	代 [ある人、誰か]
1058	**none**	[nʌ́n]	代 [誰も～ない、何も～ない]
1059	**whatever**	[hwʌtévər]	代 [～するものは何でも] 熟 no matter what 何を[が] ～しようとも
1060	**absolutely**	[ǽbsəlù:tli]	副 [完全に、まったく]
1061	**especially**	[espéʃəli]	副 [特に、とりわけ]
1062	**hardly**	[hɑ́:rdli]	副 [ほとんど～ない]
1063	**seldom**	[séldəm]	副 [めったに～ない]
1064	**necessarily**	[nèsəsérəli]	副 [必然的に、必ず] 形 necessary 必要な 熟 not necessarity 必ずしも～とは限らない (部分否定)
1065	**particularly**	[pərtíkjələrli]	副 [特に、とりわけ] 形 particular 特別な
1066	**actually**	[ǽktʃuəli]	副 [実際には] 形 actual 実際の
1067	**someday**	[sʌ́mdèɪ]	副 [いつか]

1057 (**Somebody**) is waiting for you outside of the house.
誰かが家の外で君を待っているよ。

1058 She intends to marry (**none**) of the three guys.
彼女はその３人の男性のうち誰とも結婚するつもりはない。

1059 The rich actor buys (**whatever**) she wants.
その裕福な俳優は、ほしいものをなんでも買っている。

1060 It is (**absolutely**) impossible to carry out his project.
彼の計画を実行するのは絶対に無理だ。

1061 I'm not an (**especially**) big music fan, but I love her songs.
特に音楽ファンというわけではないが、彼女の歌は大好きだ。

1062 I could (**hardly**) believe what I saw with my own eyes.
私はこの目で見たことがほとんど信じられなかった。

1063 I (**seldom**) go to movie theaters these days.
私は最近、映画館にはめったに行かない。

1064 Good teachers are not (**necessarily**) good parents.
優秀な教師が必ずしも優秀な親とは限らない。

1065 Honesty is (**particularly**) important in relationships.
正直は人間関係において特に重要である。

1066 He denied it, but (**actually**) he was the real criminal.
彼は否定したが、実際には彼が真犯人だった。

1067 I want to come back and see you again (**someday**).
いつか戻って来てまた君と会いたいよ。

1068	**along with**	熟 [～と一緒に]
1069	**as to**	熟 [～に関して] 熟 in[with] regard to~ ～に関して
1070	**when it comes to**	熟 [～ということになると]
1071	**in addition**	熟 [それに加えて、さらに]
1072	**much less**	熟 [まして～でない] 熟 still less~ ましてや～ない
1073	**in the air**	熟 [空中に]
1074	**break down**	熟 [故障する]
1075	**break into**	熟 [～に侵入する]
1076	**break up**	熟 [別れる]
1077	**bring back**	熟 [～を思い出させる、～を持って帰る] 動 fetch 取ってくる
1078	**bring in**	熟 [～を参加させる]

1068 How about going mountain climbing (**along with**) us?
僕たちと山登りに出かけないかい？

1069 I don't have anything to say (**as to**) her conclusion.
彼女が出した結論について言うべきことは何もありません。

1070 (**When it comes to**) math, he is second to none.
数学ということになると、彼は誰にも負けない。

1071 It was so cold, and (**in addition**), it began to snow.
とても寒く、おまけに雪まで降ってきた。

1072 Our baby cannot stand up yet, (**much less**) walk.
私たちの赤ちゃんはまだ立ち上がれない、まして歩くなんてできない。

1073 A UFO was floating (**in the air**) and then disappeared.
UFOが空中を漂っていて、そして消えた。

1074 The air conditioner in his room finally (**broke down**).
彼の部屋のエアコンがとうとう故障した。

1075 The thief (**broke into**) my room through this window.
泥棒はこの窓から僕の部屋に侵入したんだ。

1076 He (**broke up**) with his wife after a small argument.
彼は些細な口論をした後、奥さんと別れてしまった。

1077 This music (**brings back**) my happy high school days.
この音楽は私に楽しかった高校時代を思い出させてくれる。

1078 They (**brought in**) some newcomers to their project.
彼らは新入りを何人か事業に参加させた。

1079	**bring up**	熟 [～を育てる] 動 raise 育てる 動 rear 育てる
1080	**check in**	熟 [(ホテルに) チェックインする]
1081	**check out**	熟 [(ホテルから) チェックアウトする]
1082	**come across**	熟 [～を偶然見つける] 熟 run across~ ～に偶然会う
1083	**come by**	熟 [～を手に入れる]
1084	**come out**	熟 [出てくる、出版される]
1085	**come over**	熟 [こちらにやってくる]
1086	**come to an end**	熟 [終わる]
1087	**in the dark**	熟 [秘密に、知らないで]
1088	**drop in**	熟 [ちょっと立ち寄る] 熟 drop by ちょっと立ち寄る
1089	**eat out**	熟 [外食する]

1079 I was born and (**brought up**) in this town.
僕はこの町で生まれ育ったんだ。

1080 Can we (**check in**) at this hotel before ten a.m.?
午前10時より前にこのホテルにチェックインできますか？

1081 She had to (**check out**) of the hotel at 9 a.m.
彼女は午前9時にそのホテルをチェックアウトしなければならなかった。

1082 She (**came across**) her mother's diary in the attic.
彼女は屋根裏部屋で偶然、母親の日記を見つけた。

1083 How did you (**come by**) this rare coin?
この希少なコインをどうやって手に入れたの？

1084 Keigo's new novel will (**come out**) next month.
圭吾の新しい小説が来月出版される。

1085 Will you (**come over**) and join us?
こっちにきて私たちに加わらない？

1086 The long discussion (**came to an end**) at last.
長い議論がようやく終わった。

1087 She was completely (**in the dark**) about the case.
彼女はその事件のことをまったく知らなかった。

1088 Please (**drop in**) when you come to our area.
近くに来たら立ち寄ってね。

1089 I'm too tired to cook dinner. Let's (**eat out**) tonight.
疲れすぎて夕食を作れないんだ。今夜は外食しよう。

1090	**end up -ing**	熟 [結局～になる]
1091	**in the end**	熟 [結局] 副 finally 結局 熟 at last 結局　熟 at length 結局
1092	**feel free to**	熟 [自由に～する]
1093	**feel like -ing**	熟 [～したい気分だ] 熟 feel inclined to~ ～したいと思う
1094	**fill out**	熟 [～に記入する] 熟 fill in~ ～に記入する
1095	**get A to**	熟 [Aに～させる]
1096	**get along with**	熟 [(人) とうまくやっていく]
1097	**get lost**	熟 [道に迷う]
1098	**get over**	熟 [～を克服する] 動 overcome 克服する
1099	**get through**	熟 [～を乗り切る、～を終える]
1100	**go ahead**	熟 [さあどうぞ]

1090 He (**ended up telling**) me everything about the matter.

結局、彼はその件についてすべてを私に話すことになった。

1091 I waited for an hour, and she appeared (**in the end**).

1時間待って、ようやく彼女が現れた。

1092 Please (**feel free to**) call us anytime you like.

好きなときにいつでも、自由に私たちに電話してください。

1093 I (**feel like staying**) at home rather than going shopping.

買い物に出かけるよりも、家にいたい気分なんだ。

1094 You only have to (**fill out**) this form to apply for the job.

その仕事に申し込むにはこの用紙に記入するだけでよい。

1095 She (**got**) her father (**to**) pick her up at the airport.

彼女は父親に空港に迎えにきてもらった。

1096 He has been (**getting along with**) his wife for a long time.

彼は奥さんと長いあいだ、うまくやってきた。

1097 Take this map in case you (**get lost**) in the forest.

森で道に迷うといけないから、この地図を持って行きなさい。

1098 He makes no effort to (**get over**) his weak points.

彼は弱点を克服するための努力を何もしていない。

1099 She finally (**got through**) her tasks and went home.

彼女はついに仕事をやり終えて、家に帰った。

1100 "Can I use your electric dictionary?" "(**Go ahead**)."

「あなたの電子辞書を使ってもいい？」「どうぞ」

1101	**go around**	熟 [～を一回りする]
1102	**go by**	熟 [～のそばを通る、(時が) 経過する]
1103	**go into**	熟 [～の中へ入る]
1104	**go on to**	熟 [次に～する]
1105	**go out of business**	熟 [倒産する] 熟 go bankrupt 倒産 [破産] する
1106	**go out with**	熟 [～と交際する]
1107	**go over**	熟 [～を調べる]
1108	**go through**	熟 [～を経験する] 動 experience 経験する
1109	**go up**	熟 [上がる]
1110	**hand in**	熟 [～を提出する] 動 submit 提出する
1111	**have trouble (in) -ing**	熟 [～するのに苦労する] 熟 have difficulty (in) -ing ～するのに苦労する

1101 The earth (**goes around**) the sun in about 365 days.
地球は約 365 日で太陽の周りを回っている。

1102 Bitter memories fade gradually as time (**goes by**).
時間が経過するにつれて苦い記憶は徐々に薄れるものだ。

1103 He (**went into**) the grocery to buy some fruit.
彼は果物を買うために食料雑貨店に入っていった。

1104 Are you going to (**go on to**) college after graduation?
卒業後は大学に進学するんですか？

1105 Her favorite drug store has (**gone out of business**).
彼女のお気に入りのドラッグストアが倒産した。

1106 Ken has been (**going out with**) Lucy for a year.
ケンは 1 年前からルーシーと交際している。

1107 We have to (**go over**) the report he submitted closely.
私たちは彼が提出した報告書をよく調べなければならない。

1108 He (**went through**) many hardships in life.
彼は人生においてたくさんの苦労を経験した。

1109 As we (**went up**) higher, the air became colder and colder.
高いところに上がれば上がるほど、空気がだんだん冷たくなった。

1110 You have to (**hand in**) your report by next Friday.
次の金曜日までにレポートを提出しなさい。

1111 They (**had trouble building**) a bridge over the river.
彼らは川に橋を建設するのに苦労した。

1112	**keep A from -ing**	熟 [Aに～させないようにする] 熟 prevent A from -ing Aに～させないようにする 熟 stop A from -ing Aに～させないようにする
1113	**keep up**	熟 [～を維持する] 動 maintain 維持する
1114	**as you know**	熟 [ご存知の通り]
1115	**be known to**	熟 [～に知られている]
1116	**know better than to**	熟 [～するほどばかではない]
1117	**leave for**	熟 [～へ出発する]
1118	**live on**	熟 [～で生活する]
1119	**live up to**	熟 [～に沿う]
1120	**at the moment**	熟 [今のところ]
1121	**from now on**	熟 [今後]
1122	**(every) now and then**	熟 [ときどき]

1112 The traffic jam (**kept**) us (**from arriving**) in time.
交通渋滞のせいで、私たちは到着が間に合わなかった。

1113 He can't (**keep up**) his living standard with his salary.
彼は自分の給料で生活水準を維持することができない。

1114 (**As you know**), Mr. White is going back to his home.
ご存知の通り、ホワイト先生は故郷に帰ることになっています。

1115 Kyoto (**is known to**) many people all over the world.
京都は世界中のたくさんの人に知られている。

1116 She (**knows better than to**) believe his words.
彼女は彼の言葉を信じるほどばかではない。

1117 After arriving in Yokohama, this train (**leaves for**) Tokyo.
横浜に着いた後、この電車は東京に向かいます。

1118 I wonder if my son can (**live on**) such a small income.
息子はそんな安月給で生活していけるのかしら。

1119 He has a strong will to (**live up to**) his beliefs.
彼は自分の信念に沿って生きる強い意志がある。

1120 She still has many things to do (**at the moment**).
彼女は今のところ、やるべきことがまだたくさんある。

1121 I promise never to make an excuse (**from now on**).
今後、言い訳は絶対にしないと約束します。

1122 My daughter behaves selfishly (**now and then**).
娘はときどき、わがままな行動をする。

1123	**at present**	熟 [現在のところ]
1124	**put A into B**	熟 [AをBに入れる]
1125	**put up**	熟 [宿泊する]
1126	**send out**	熟 [〜を発信する]
1127	**set up**	熟 [〜を設置する、(組織などを) 設立する]
1128	**take over**	熟 [〜を引き継ぐ]
1129	**take part in**	熟 [〜に参加する] 熟 participate in~ 〜に参加する
1130	**tell A from B**	熟 [AをBと区別する] 熟 distinguish A from B AをBと区別する
1131	**together with**	熟 [〜と一緒に] 熟 along with~ 〜と一緒に
1132	**be in touch with**	熟 [〜と連絡をとっている] 熟 be in contact with~ 〜と連絡をとっている
1133	**get in touch**	熟 [連絡をとる]

1123 The goods you are looking for are sold out (**at present**).
お探しの商品は現在品切れです。

1124 He doesn't (**put**) any sugar (**into**) his coffee.
彼はコーヒーに砂糖を入れない。

1125 We have to (**put up**) at a hotel if we miss the last train.
もし最終電車を逃したら、ホテルに泊まらなければいけない。

1126 They (**send out**) traffic information on the Internet.
彼らはインターネットで交通情報を発信している。

1127 We will (**set up**) a web page about our products.
私たちは製品に関するウェブサイトを設置するつもりです。

1128 After he retires, his son is going to (**take over**) the job.
彼が退職した後、息子さんが仕事を引き継ぐことになっている。

1129 I would like to (**take part in**) the student council.
生徒会に参加したいんですが。

1130 She couldn't (**tell**) him (**from**) his elder brother.
彼女は彼を彼のお兄さんと、見分けることができなかった。

1131 The teacher sang a song (**together with**) her pupils.
その先生は生徒たちと一緒に歌を歌った。

1132 Please (**be in touch with**) us while studying abroad.
留学中は私たちと連絡をとってね。

1133 (**Get in touch**) immediately in case of emergency.
緊急事態の場合には、ただちに連絡してください。

1134	**keep in touch**	熟 [連絡をとり合う] 熟 stay in touch 連絡をとり合う
1135	**turn A into B**	熟 [AをBに変える] 熟 transform A into B AをBに変える
1136	**turn in**	熟 [～を提出する] 動 submit 提出する
1137	**turn off**	熟 [～のスイッチを切る]　熟 turn on~ ～のスイッチを入れる　熟 turn up~ ～のボリュームを上げる 熟 turn down~ ～のボリュームを下げる
1138	**a variety of**	熟 [さまざまな～] 形 various さまざまな
1139	**all the way**	熟 [途中ずっと、わざわざ]
1140	**by way of**	熟 [～を経由して]
1141	**on the way**	熟 [途中で] 熟 in the way 邪魔になって 熟 out of the way 邪魔にならないところに
1142	**what is called**	熟 [いわゆる] 熟 what we call いわゆる
1143	**what is more**	熟 [そのうえ]
1144	**be willing to**	熟 [～する気がある、～するのもいとわない] 熟 be prepared to~ 進んで～する、～する準備ができている

1134 She (**kept in touch**) with us after she moved abroad.
彼女は海外に引っ越した後も、私たちと連絡をとった。

1135 This lottery ticket will (**turn**) me (**into**) a millionaire.
この宝くじが僕を百万長者にするだろう。

1136 Can you really (**turn in**) your report by the deadline?
本当に締め切りまでに報告書を提出できるの？

1137 Remember to (**turn off**) the lights before leaving here.
ここを出る前に忘れずに電気を消しといてね。

1138 The restaurant serves (**a variety of**) seafood dishes.
そのレストランはさまざまなシーフードを出している。

1139 He ran (**all the way**) to school in order not to be late.
彼は遅刻しないように途中ずっと走った。

1140 This train goes to Tokyo (**by way of**) Nagoya.
この電車は名古屋経由で東京まで行きます。

1141 She came across her ex-husband (**on the way**) home.
彼女は家に帰る途中で、前の夫とばったり会った。

1142 Our teacher is (**what is called**) a walking dictionary.
僕たちの先生は、いわゆる生き字引です。

1143 She is beautiful, kind, and (**what is more**), talented.
彼女は綺麗で優しくて、おまけに才能がある。

1144 He (**is**) always (**willing to**) help people in need.
彼はいつも進んで困っている人を助ける。

1145	**play a trick on**	熟 [～にいたずらする]
1146	**put away**	熟 [～を片付ける]
1147	**believe in**	熟 [(存在) を信じる、～の正しさを信じる]
1148	**as good as one's word**	熟 [約束に忠実な]
1149	**for a change**	熟 [気分転換に]
1150	**on the go**	熟 [働き詰めで]
1151	**ask for**	熟 [～を求める、～をくれと頼む]
1152	**a number of**	熟 [たくさんの～]
1153	**the number of**	熟 [～の数]
1154	**pay for**	熟 [～の代金を支払う]
1155	**anything but**	熟 [決して～ない] 熟 far from~ 決して～ではない

1145 Someone must have (**played a trick on**) us.
誰かが私たちにいたずらをしたにちがいない。

1146 (**Put away**) your smartphones before class starts.
授業が始まる前にスマホを片付けなさい。

1147 I (**believe in**) ghosts because I have seen one myself.
自分で見たことがあるから、僕は幽霊の存在を信じているんだ。

1148 He is (**as good as his word**) and is always on time.
彼は約束に忠実で、いつも時間を守る。

1149 Go for a walk (**for a change**) when you are tired.
疲れているときは、気分転換に散歩に出かけなよ。

1150 He was always (**on the go**) and lost his health at last.
彼はいつも働き詰めで、とうとう体を壊した。

1151 They (**asked for**) my opinion, but I had nothing to say.
彼らが私の意見を求めたが、私は言うべきことがなかった。

1152 (**A number of**) people visit this national park in spring.
春になると、たくさんの人がこの国立公園を訪れる。

1153 (**The number of**) foreigners in Japan is increasing.
日本にいる外国人の数が増加している。

1154 He couldn't (**pay for**) the car he had bought.
彼は買った車の代金を支払えなかった。

1155 That guy is (**anything but**) a gentleman.
あいつは紳士にはほど遠い。

1156	**do away with**	熟 [〜を廃止する] 動 abolish 廃止する
1157	**back and forth**	熟 [あちこちへ、行ったり来たり]
1158	**be bored**	熟 [飽きている] 熟 be tired of~ 〜にうんざりしている
1159	**be bound for**	熟 [〜へ向かう]
1160	**none of one's business**	熟 [〜の知ったことではない] 熟 mind one's own business それは〜の知ったことではない
1161	**call for**	熟 [声を上げて〜を求める]
1162	**care for**	熟 [〜を世話する、〜を好む] 熟 take care of~ 〜を世話する 熟 look after~ 〜を世話する
1163	**in case**	熟 [万が一〜の場合に備えて]
1164	**in case of**	熟 [もし〜の場合]
1165	**in common**	熟 [共通の]
1166	**cope with**	熟 [〜に対処する]

1156 The company will (**do away with**) paper forms.
その会社は紙の書式を廃止するつもりだ。

1157 Can we travel (**back and forth**) to the moon soon?
間もなく、月まで行ったり来たりできるのだろうか？

1158 After being kept waiting for an hour, I (**got bored**).
１時間待たされて、うんざりしてしまった。

1159 This bus (**is bound for**) the city hall.
このバスは市役所に向かいます。

1160 It is (**none of your business**) who she will marry.
彼女が誰と結婚するかは、あなたの知ったことではない。

1161 We need to (**call for**) a doctor at once.
すぐに医者を呼ぶ必要がある。

1162 Will you (**care for**) my dog while I am away?
出かけているあいだ、うちの犬の面倒を見てくれませんか？

1163 Take an umbrella with you (**in case**) it rains.
雨の場合に備えて、傘を持って行きなさい。

1164 (**In case of**) a disaster, evacuate to a nearby school.
災害の場合には、近くの学校に避難してください。

1165 Humans and monkeys have some things (**in common**).
人間と猿にはいくつかの共通点がある。

1166 The trick to (**cope with**) stress is to eat and sleep well.
ストレスに対処するコツは、よく食べてよく眠ることです。

1167	**cut down on**	熟 [～を切り詰める、～を減らす]
1168	**discourage A from -ing**	熟 [Aに～するのをやめさせる]
1169	**distinguish A from B**	熟 [AをBと区別する] 形 distinct はっきり異なる
1170	**fall asleep**	熟 [寝入る] 熟 go to sleep 眠る
1171	**be familiar with**	熟 [～に精通している] 熟 be familiar to~ ～によく知られている
1172	**be fed up with**	熟 [～にうんざりしている] 熟 be tired of~ ～にうんざりしている
1173	**figure out**	熟 [～を理解する]
1174	**give rise to**	熟 [～を引き起こす]
1175	**have a seat**	熟 [着席する] 熟 take a seat 着席する
1176	**have no choice but to**	熟 [～するしかない]
1177	**head for**	熟 [～に向かう]

1167 They (**cut down on**) their spending to avoid bankruptcy.
彼らは倒産を避けるために支出を削減した。

1168 Her expression (**discouraged**) me (**from inviting**) her.
彼女の表情を見て僕は彼女を誘う気がなくなった。

1169 Can you (**distinguish**) a duck egg (**from**) a swan egg?
アヒルの卵を白鳥の卵と区別できますか？

1170 Too much coffee prevented her from (**falling asleep**).
コーヒーを飲みすぎたので、彼女は眠ることができなかった。

1171 He (**is familiar with**) how to handle this machine.
彼はこの機械の扱い方に精通している。

1172 I'm (**fed up with**) eating plain bread every morning.
毎朝食パンをそのまま食べることにうんざりしている。

1173 I couldn't (**figure out**) why she came to see me.
なぜ彼女が私に会いに来たのか理解できなかった。

1174 Your attitude may (**give rise to**) misunderstandings.
あなたの態度は誤解を引き起こすかもしれないよ。

1175 The host invited his guests to (**have a seat**).
主人は客に着席するように促した。

1176 We (**had no choice but to**) postpone our departure.
私たちは出発を延期せざるを得なかったのです。

1177 After the final break, they (**headed for**) the summit.
最後の休憩を終えて、彼らは山頂に向かった。

1178	**keep up with**	熟 [～に(遅れないで) ついていく]
1179	**keep an eye on**	熟 [～に気を付ける、～を見張る、～を監視する]
1180	**keep one's word**	熟 [約束を守る] 熟 keep one's promise 約束を守る
1181	**lay off**	熟 [～を一時解雇する] 動 dismiss 解雇する 動 fire 解雇する
1182	**be made up of**	熟 [～で構成されている] 熟 be composed of~ ～で構成されている 熟 consist of~ ～で構成されている
1183	**make a difference**	熟 [重要である、違いが生まれる] 熟 make no difference どうでもよい、重要でない
1184	**make the most of**	熟 [～を最大限に活用する] 熟 make the best of~ ～の中で何とかやっていく
1185	**make use of**	熟 [～を利用する] 動 utilize ～を利用する
1186	**as a matter of fact**	熟 [実を言うと]
1187	**by mistake**	熟 [間違って]
1188	**in need**	熟 [困っている]

1178 The turtle was desperate to (**keep up with**) the rabbit.
カメはウサギに遅れずについて行くのに必死だった。

1179 She always (**keeps an eye on**) stock price movement.
彼女はいつも株価の動きを注視している。

1180 I'm determined to (**keep my word**) whatever happens.
何が起ころうとも、約束は守ることにしているんです。

1181 They had to (**lay off**) some of their employees.
彼らは従業員を何人か一時解雇せざるを得なかった。

1182 The musical (**is made up of**) three parts.
そのミュージカルは 3 つの部分で構成されている。

1183 It (**makes**) no (**difference**) whether he will come or not.
彼が来るのか来ないのかは重要ではない。

1184 I tried to (**make the most of**) the few opportunities.
数少ない好機を最大限に利用しようとしたのです。

1185 Any member can (**make use of**) the training room.
会員なら誰でもトレーニングルームを利用できる。

1186 (**As a matter of fact**), I'm thinking of quitting my job.
実を言うと、仕事を辞めようかと思っているのです。

1187 He put some salt in his coffee (**by mistake**).
彼は間違ってコーヒーに塩を入れてしまった。

1188 A friend (**in need**) is a friend indeed.
困ったときの友だちは本当の友だちである。

1189	**for nothing**	熟 [無料で] 熟 for free 無料で
1190	**on and off**	熟 [断続的に]
1191	**in public**	熟 [人前で]
1192	**in the long run**	熟 [長い目で見れば]
1193	**run out of**	熟 [〜を切らす、〜がなくなる] 熟 run short of~ 〜が不足する
1194	**for the sake of**	熟 [〜のために]
1195	**be satisfied with**	熟 [〜に満足している] 熟 be content with~ 〜に満足している
1196	**from time to time**	熟 [ときどき] 熟 (every) now and then ときどき
1197	**be sick of**	熟 [〜にうんざりしている] 熟 be tired of~ 〜にうんざりしている 熟 be fed up with~ 〜にうんざりしている
1198	**take advantage of**	熟 [〜をうまく利用する]
1199	**take after**	熟 [〜に似ている] 動 resemble 似ている 熟 look like~ 〜に似ている

1189 You can get a pack of eggs (**for nothing**) today.

今日は卵を１パック無料でもらえます。

1190 It has been raining (**on and off**) since this morning.

今朝から雨が降ったり止んだりしている。

1191 I am not accustomed to making a speech (**in public**).

私は人前でスピーチをすることに慣れていないのです。

1192 Stock prices will go up (**in the long run**).

長い目で見れば、株価は上昇するだろう。

1193 We are (**running out of**) butter.

バターがなくなってきた。

1194 He quit smoking (**for the sake of**) his health.

彼は健康のために喫煙をやめた。

1195 She (**is satisfied with**) the result of the match.

彼女は試合の結果に満足している。

1196 (**From time to time**), she thinks of her hometown.

彼女はときどき、故郷のことを考える。

1197 He (**was sick of**) working overtime every day.

彼は毎日残業することにうんざりしていた。

1198 She (**took advantage of**) every opportunity to win.

彼女は勝つためにすべての機会をうまく利用した。

1199 He (**takes after**) his father and is often mistaken.

彼はお父さんと似ていて、よく間違えられる。

1200	**attribute** [ətríbju(:)t]	他 [のせいにする、～に帰する、～の作だとする] 名 attribute 属性、特性 熟 attribute A to B Aの原因、起源がBに帰する (Bのせいである)
1201	**crash** [kræʃ]	他 [衝突させる] 自 [衝突する]
1202	**float** [flóut]	他 [浮かぶ]
1203	**scan** [skǽn]	他 [ざっと見る]
1204	**spray** [spréɪ]	他 [吹きかける] 名 [スプレー]
1205	**arrange** [əréɪndʒ]	他 [調整する、整える]
1206	**thrill** [θríl]	他 [ぞくぞくさせる]
1207	**drill** [dríl]	他 [穴を開ける] 名 [訓練]
1208	**last** [lǽst]	自 [続く]
1209	**store** [stɔ́ər]	他 [蓄える]
1210	**memorize** [méməràɪz]	他 [記憶する] 熟 learn A by heart Aを暗記する

1200 She (**attributes**) her success to luck.
彼女は成功を運のせいだと考えている。

1201 A big truck slipped and (**crashed**) into a wall.
大きなトラックがスリップして壁に衝突した。

1202 Some clouds were (**floating**) in the sky.
空にいくつか雲が漂っていた。

1203 He (**scans**) the newspaper every morning.
彼は毎朝、新聞にざっと目を通している。

1204 They (**sprayed**) paint on the wall to hide the graffiti.
彼らは落書きを隠すために壁にペンキを吹きかけた。

1205 He kindly (**arranged**) everything for my trip abroad.
彼は親切にも、私の海外旅行のすべての手はずを整えてくれた。

1206 Was the movie you went to see (**thrilling**)?
君が観に行った映画、わくわくした？

1207 He (**drilled**) a hole in the board and hammered in a nail.
彼は板に穴を開けて釘を打ち込んだ。

1208 I wonder how long this humid weather will (**last**).
このじめじめした天気はいつまで続くのかしら。

1209 (**Store**) some fuel in the warehouse before winter.
冬が来る前に倉庫にいくらか燃料を蓄えておきなさい。

1210 You have to (**memorize**) the meanings of these words.
あなたたちはこれらの単語の意味を暗記しないといけません。

1211	**fund** [fʌ́nd]	他 [資金を提供する]
1212	**whisper** [hwíspər]	他 [ささやく]
1213	**match** [mǽtʃ]	他 [合う、調和する]
1214	**command** [kəmǽnd]	他 [命令する]
1215	**bake** [béɪk]	他 [(パン、ケーキをオーブンで) 焼く] 名 bakery パン屋、製パン所
1216	**sigh** [sáɪn]	他 [ため息をつく]
1217	**burst** [bə́:rst]	自 [破裂する] 熟 burst into -ing 突然～しだす 熟 burst out -ing 突然～しだす
1218	**surround** [səráʊnd]	他 [囲む] 熟 be surrounded by~ ～に囲まれている
1219	**sink** [síŋk]	他 [沈む]
1220	**intend** [ɪnténd]	他 [意図する] 熟 intend to~ ～するつもりである 名 intention 意図
1221	**confirm** [kənfə́:rm]	他 [確認する]

1211 He refused to (**fund**) his brother's business.
彼は兄の事業に資金を提供するのを拒否した。

1212 He (**whispered**) something but I couldn't hear it.
彼が何かささやいたが聞こえなかった。

1213 Do you think this jacket will (**match**) my shirt?
この上着は私のシャツに合うと思う？

1214 The king (**commanded**) all his soldiers to gather.
王はすべての兵士に集まるよう命令した。

1215 She is going to (**bake**) a cake for her son's birthday.
彼女は息子の誕生日にケーキを焼くつもりだ。

1216 She couldn't help (**sighing**) when she heard the news.
彼女はそのニュースを聞いたとき、ため息をつかずにはいられなかった。

1217 One of my car tires (**burst**) on the highway.
幹線道路で車のタイヤの 1 つが破裂した。

1218 The old man is always (**surrounded**) by children.
そのおじいさんはいつも子どもたちに囲まれている。

1219 The sun rises in the east and (**sinks**) in the west.
太陽は東から昇って西に沈む。

1220 I (**intend**) to move to the countryside after retirement.
僕は退職したら田舎に引っ越すつもりなんだ。

1221 I want to (**confirm**) that you have received the parcel.
あなたが荷物を受け取ったことを確認したいのです。

1222	**assist** [əsíst]	他 [手伝う] 名 assistance 援助
1223	**collapse** [kəlǽps]	自 [崩壊する]
1224	**convince** [kənvíns]	他 [確信させる] 熟 convince A to~ Aに～するよう説得する 熟 be convinced of~ ～を確信している
1225	**interpret** [ɪntə́ːrprət]	他 [解釈する、通訳する] 名 interpretation 解釈、通訳 名 interpreter 通訳者、解釈者
1226	**pour** [pɔ́ːr]	他 [注ぐ]
1227	**stretch** [strétʃ]	他 [伸ばす]
1228	**wipe** [wáɪp]	他 [拭き取る] 熟 wipe out~ ～を一掃する
1229	**expose** [ɪkspóuz]	他 [さらす] 熟 expose A to B AをBにさらす 名 exposure さらされていること
1230	**invest** [ɪnvést]	他 [投資する] 名 investment 投資
1231	**punish** [pʌ́nɪʃ]	他 [罰する] 名 punishment 罰
1232	**admire** [ədmáɪər]	他 [称賛する] 名 admiration 称賛 形 admirable 立派な、称賛に値する

1222 He (**assisted**) me when I was trying to get out of the car.
私が車から降りようとしていたとき、彼が手伝ってくれた。

1223 Many buildings (**collapsed**) in the big earthquake.
その大地震でたくさんの建物が崩壊した。

1224 I am firmly (**convinced**) of her innocence.
僕は彼女が無罪だと強く確信している。

1225 How did you (**interpret**) what he said just now?
彼がついさっき言ったことをどう解釈しましたか？

1226 (**Pour**) two cups of water into a pan.
鍋にカップ2杯の水を注いでください。

1227 After reading for many hours, he (**stretched**) his back.
何時間も読書をした後、彼は背中を伸ばした。

1228 Please (**wipe**) the seat before you sit down.
座る前に座席を拭いてくださいね。

1229 Children are (**exposed**) to many dangers.
子どもたちはたくさんの危険にさらされている。

1230 She made big money by (**investing**) some money.
彼女はいくらかのお金を投資して大金を稼いだ。

1231 Anyone who commits a crime will be (**punished**).
罪を犯した者は誰でも罰せられます。

1232 I (**admire**) him for what he did for world peace.
私は彼が世界平和のためにしたことを称賛します。

1233	**praise** [préɪz]	他 [称賛する]
1234	**beat** [bí:t]	他 [打ち負かす]
1235	**defeat** [dɪfí:t]	他 [打ち負かす]
1236	**shorten** [ʃɔ́:rtn]	他 [短くする]
1237	**update** [ʌpdéɪt]	他 [更新する]
1238	**hesitate** [hézətèɪt]	他 [ためらう] 熟 hesitate to~ ～するのをためらう　名 hesitation ためらい　副 hesitantly ためらいながら
1239	**bump** [bʌ́mp]	他 [ぶつける]
1240	**owe** [óu]	他 [負う] 熟 owe A to B AをBに借りている
1241	**arrest** [ərést]	他 [逮捕する] 熟 under arrest 逮捕されている
1242	**bark** [bá:rk]	自 [吠える]
1243	**disagree** [dìsəgrí:]	自 [意見が一致しない] 熟 agree with~ ～に同意する 熟 disagree with~ ～と意見が合わない

1233 She was (**praised**) by her teacher for telling the truth.
本当のことを言ったので、彼女は先生にほめられた。

1234 The computer (**beat**) the chess champion at last.
ついにコンピュータがチェスのチャンピオンを打ち負かした。

1235 My favorite team was (**defeated**) by their opponent.
僕の好きなチームが相手に負けたんだ。

1236 The bad weather made us (**shorten**) our stay.
悪天候のせいで、私たちは滞在期間を短縮しなければならなくなった。

1237 I have to (**update**) my bank book.
私は銀行の通帳を更新しないといけない。

1238 Don't (**hesitate**) to call me when you are in trouble.
困ったときはためらわずに電話してください。

1239 He (**bumped**) his little toe against the door.
彼は足の小指をドアにぶつけた。

1240 I (**owe**) some money to my parents.
私は両親にいくらか借金を負っている。

1241 Finally, the police (**arrested**) the bank robber.
ついに警察は銀行強盗を逮捕した。

1242 My dog (**barks**) a lot when he sees a stranger.
うちの犬は知らない人を見るとすごく吠えるんです。

1243 I don't (**disagree**) with his opinion completely.
私は彼の意見に完全に反対というわけではない。

1244	**greet** [gríːt]	他 [迎える、あいさつする]
1245	**guarantee** [gæ̀rəntíː]	他 [保証する]
1246	**hide** [háɪd]	他 [隠す]
1247	**mark** [máːrk]	他 [印をつける]
1248	**rescue** [réskjuː]	他 [救う]
1249	**scratch** [skrǽtʃ]	他 [引っかく]
1250	**spoil** [spɔ́ɪl]	他 [だめにする、甘やかす]
1251	**struggle** [strʌ́gl]	自 [奮闘する]
1252	**substitute** [sʌ́bstət(j)ùːt]	自 [代用する]
1253	**tear** [téər]	他 [引き裂く]
1254	**vote** [vóut]	自 [投票する] 熟 vote for~ ～に賛成の投票をする 熟 vote against~ ～に反対の投票をする

1244 The girl (**greets**) anyone she meets on the way home.

その女の子は、家に帰る途中に会った人みんなにあいさつする。

1245 She (**guaranteed**) that she would keep her promise.

彼女は約束を守るということを保証した。

1246 He (**hid**) himself behind the tree to avoid meeting her.

彼は彼女と会うのを避けるために木の陰に身を隠した。

1247 Have you (**marked**) your birthday on the calendar yet?

もうカレンダーのあなたの誕生日に印をつけた？

1248 They tried their best to (**rescue**) the drowning dog.

彼らは溺れている犬を救出するために全力を尽くした。

1249 I was almost (**scratched**) by my cat.

飼い猫にもう少しで引っかかれるところだった。

1250 There is no satisfying a (**spoilt**) child.

甘やかされた子どもを満足させることはできない。

1251 They are (**struggling**) to win independence.

彼らは独立を勝ち取るために奮闘している。

1252 Do you have anything to (**substitute**) for a pen?

ペンの代用になるものを何か持っていますか？

1253 The man got angry and (**tore**) the envelope to pieces.

その男は腹を立てて、封筒をビリビリに破ってしまった。

1254 I agreed to (**vote**) for the candidate.

私はその立候補者に投票することに同意した。

1255	**trace** [tréɪs]	他 [たどる、追跡する]　名 [跡]
1256	**bend** [bénd]	他 [曲げる]
1257	**bet** [bét]	他 [賭ける、断言する]
1258	**delete** [dɪlíːt]	他 [削除する]
1259	**enable** [ɪnéɪbl]	他 [可能にする] 熟 enable A to~ Aが～するのを可能にする
1260	**exaggerate** [ɪgzǽdʒərèɪt]	他 [誇張する]
1261	**fade** [féɪd]	自 [色あせる、薄れる]
1262	**fascinate** [fǽsənèɪt]	他 [魅了する] 名 fascination 魅了
1263	**interfere** [ìntərfíər]	自 [邪魔をする、干渉する] 熟 interfere with~ ～を邪魔する、～に干渉する
1264	**misunderstand** [mìsʌndərstǽnd]	他 [誤解する]
1265	**monitor** [mɑ́ːnətər]	他 [監視する]

1255 The police (**traced**) the last steps of the missing man.
警察は行方不明者の最後の足取りをたどった。

1256 He (**bent**) the photo and put it into his pocket.
彼は写真を折り曲げてポケットに入れた。

1257 I'll (**bet**) that my favorite team will win the tournament.
僕の好きなチームがトーナメントで勝利を収めることに賭けるよ。

1258 Please (**delete**) my name from the list.
私の名前をそのリストから削除してください。

1259 Jet planes have (**enabled**) us to travel much faster.
ジェット機のおかげで私たちはずっと速く移動できている。

1260 We can't (**exaggerate**) the importance of friendship.
友情の大切さを誇張しすぎることはできない。

1261 All your grief and pain will (**fade**) soon.
あなたの悲しみも辛さも全部、間もなく薄れます。

1262 He was (**fascinated**) by her gentle way of speaking.
彼は彼女の優しい話し方に魅了された。

1263 You should not (**interfere**) with others' romances.
他人の恋愛に干渉するべきではない。

1264 She (**misunderstood**) what I said and got angry.
彼女は私が言っていることを誤解して腹を立てた。

1265 They (**monitored**) the movement of the stranger.
彼らはその見知らぬ人の動きを監視した。

1266	**resemble** [rɪzémbl]	他 [似ている] 熟 take after~ ～と似ている（血縁関係あり） 熟 look like~ ～に似ている
1267	**stare** [stéə*r*]	自 [じっと見る] 熟 stare at~ ～をじっと見つめる
1268	**strike** [stráɪk]	他 [打つ、心に浮かぶ]
1269	**tempt** [tém*p*t]	他 [誘惑する] 名 temptation 誘惑
1270	**wound** [wú:nd]	他 [傷つける]
1271	**bother** [bá:ðə*r*]	他 [悩ます、困らす]
1272	**compose** [kəmpóuz]	他 [構成する、作曲する、作文する] 熟 be composed of~ ～から成る 名 composition 構成
1273	**wander** [wá:ndə*r*]	自 [歩き回る] 熟 hang out 歩き回る、ぶらぶらする
1274	**withdraw** [wɪðdrɔ́:]	自 [引き下がる、撤退する] 動 retreat 引き下がる、撤退する
1275	**waste** [wéɪst]	他 [無駄にする、浪費する]
1276	**notice** [nóutɪs]	他 [気づく]

1266 She (**resembles**) her elder sister in many ways.
彼女は多くの点でお姉さんに似ている。

1267 Don't (**stare**) at me as if I were a criminal.
まるで私が犯人であるみたいに見つめないでくれ。

1268 It (**struck**) her then that he was trying to deceive her.
彼が自分をだまそうとしているのだと、そのとき彼女の心に浮かんだ。

1269 Nothing whatever can (**tempt**) me into gambling.
私は何があってもギャンブルに誘惑されるようなことはありません。

1270 She was at the battlefield to help (**wounded**) soldiers.
彼女はけがをした兵士を助けるために戦場にいた。

1271 The loud music from the next room is (**bothering**) me.
となりの部屋から聞こえてくる大音量の音楽に悩んでいます。

1272 Her new novel is (**composed**) of three chapters.
彼女の新しい小説は 3 つの章で構成されている。

1273 He was (**wandering**) around thinking about the issue.
彼はその問題のことを考えながら辺りをうろうろしていた。

1274 He decided to (**withdraw**) from the brass band.
彼は吹奏楽部を辞めることに決めた。

1275 It's not a good idea to (**waste**) your time on games.
ゲームに時間を浪費するのは良い考えではない。

1276 Didn't you (**notice**) the danger of the situation?
君はその状況の危険性に気づかなかったのかい？

1277	**attend** [əténd]	他 [出席する、通う] 熟 attend to~ ～に注目する
1278	**soak** [sóuk]	他 [浸す、びしょ濡れにする] 熟 get soaked to the skin びしょ濡れになる
1279	**weave** [wí:v]	他 [織る]
1280	**alter** [ɔ́:ltər]	他 [変える] 自 [変わる]
1281	**appoint** [əpɔ́ɪnt]	他 [指名する、任命する]
1282	**capture** [kǽptʃər]	他 [捕らえる、捕虜にする、魅了する]
1283	**grab** [grǽb]	他 [つかむ]
1284	**handle** [hǽndl]	他 [扱う]
1285	**neglect** [nɪglékt]	他 [怠る、軽視する]
1286	**oppose** [əpóuz]	他 [反対する] 名 opposition 反対 熟 be opposed to~ ～に反対である
1287	**obey** [oubéɪ]	他 [従う] 名 obedience 素直、従順 形 obedient 素直な、従順な

1277 We will (**attend**) the conference next Monday.
私たちは次の月曜日の会議に出席するつもりです。

1278 The sudden storm made us completely (**soaked**).
突然の嵐で、私たちは完全にびしょ濡れになった。

1279 Silk cloth is (**woven**) with silkworm cocoons.
絹の布は蚕のまゆを使って織られている。

1280 When you are wrong, you need to (**alter**) your opinion.
自分が間違っているときは、意見を変える必要があるよ。

1281 The prime minister (**appointed**) me as chairperson.
首相が私を議長に任命した。

1282 Her singing voice (**captured**) the hearts of many people.
彼女の歌声は多くの人の心を捕らえた。

1283 The police officer (**grabbed**) him by the arm.
警官が彼の腕をつかんだ。

1284 We have many problems to (**handle**).
我々には扱うべき問題が多い。

1285 Nothing will go well because he (**neglects**) his duties.
彼は義務を怠るから何もうまくいかないだろう。

1286 We (**oppose**) the construction of nuclear power plants.
我々は原子力発電所の建設に反対しています。

1287 Her son doesn't (**obey**) her and gives her trouble.
彼女の息子は彼女に従わなくて彼女を困らせている。

1288	**legend** [lédʒənd]	名 [伝説]
1289	**mobile** [móubi:l]	名 [携帯電話] 名 mobility 可動性
1290	**illustration** [ìləstréıʃən]	名 [挿し絵]
1291	**institute** [ínstət(j)ù:t]	名 [機関]　動 [設ける]
1292	**introduction** [ìntrədʌ́kʃən]	名 [紹介、導入] 動 introduce 紹介する、導入する
1293	**newsletter** [n(j)ú:zlètər]	名 [会報]
1294	**moral** [mɔ́:rəl]	名 [道徳]　形 [道徳的な]
1295	**debate** [dıbéıt]	名 [討論]
1296	**drug** [drʌ́g]	名 [薬]
1297	**salmon** [sǽmən]	名 [(魚の) サケ]
1298	**satellite** [sǽtəlàıt]	名 [衛星] 名 artificial satellite 人工衛星

1288 According to a (**legend**), there is a dragon in this lake.
伝説によると、この湖には竜がいる。

1289 Put your (**mobiles**) in your bag during the exams.
試験中は携帯電話をカバンの中に入れておきなさい。

1290 The picture book is full of funny (**illustrations**).
その絵本はおもしろい挿絵だらけだ。

1291 The (**institute**) contributes to research in brain science.
その機関は脳科学の研究に貢献している。

1292 He is a famous person and needs no (**introduction**).
彼は有名な人なので紹介は必要ない。

1293 The club publishes its (**newsletter**) once a month.
そのクラブは月に１回会報を発行している。

1294 The (**morals**) of young people are said to be declining.
若者の道徳が低下していると言われている。

1295 They had a heated (**debate**) on gender equality.
彼らは男女平等について白熱した議論をした。

1296 This kind of (**drug**) is not permitted in this country.
この種類の薬はこの国では許可されていません。

1297 (**Salmon**) swim up rivers to lay eggs.
サケは卵を産むために川をさかのぼる。

1298 How many artificial (**satellites**) are flying overhead?
頭上をいくつの人工衛星が飛んでいるのですか？

1299	**shelf** [ʃélf]	名 [棚]
1300	**text** [tékst]	名 [本文]
1301	**shot** [ʃá:t]	名 [発射]
1302	**guy** [gáɪ]	名 [人]
1303	**climber** [kláɪmər]	名 [登山者] 名 mountaineer 登山者、登山家
1304	**seabird** [sí:bə:rd]	名 [海鳥]
1305	**shadow** [ʃǽdoʊ]	名 [影]
1306	**download** [dáʊnlòʊd]	名 [ダウンロード]
1307	**frame** [fréɪm]	名 [フレーム [枠]]
1308	**heater** [hí:tər]	名 [ヒーター]
1309	**metal** [métl]	名 [メタル [金属]]

1299 Would you take the magazine from the (**shelf**)?
棚から雑誌を取ってもらえませんか？

1300 Read the (**text**) and answer the following questions.
本文を読んで次の質問に答えなさい。

1301 We all heard a rifle (**shot**) in the forest.
私たち全員が森の中でライフルが発射される音を聞いた。

1302 He is a good (**guy**), so he is loved by everyone.
彼はいい奴だから、みんなに愛されている。

1303 Many (**climbers**) dream of climbing Mt. Everest.
たくさんの登山家がエベレスト登頂を夢見ている。

1304 A flock of (**seabirds**) is a sign of a school of fish.
海鳥の群れは魚群のしるしである。

1305 Sometimes I am surprised at my own (**shadow**).
ときどき、私は自分の影に驚くことがある。

1306 The (**download**) process may take some time.
ダウンロードには時間がかかる場合があります。

1307 My glasses fell to the floor and the (**frames**) broke.
メガネが床に落ちてフレームが壊れてしまった。

1308 Oil (**heaters**) are cheap but difficult to maintain.
石油ヒーターは安いけど手入れが大変だ。

1309 Without rare (**metals**), you can't produce smartphones.
レアメタルがなければ、スマホを作ることができない。

1310	**household** [háushòuld]	名 [世帯]
1311	**housework** [háuswə̀:rk]	名 [家事]
1312	**airway** [éərweɪ]	名 [航空会社]
1313	**railway** [réɪlweɪ]	名 [鉄道]
1314	**panic** [pǽnɪk]	名 [混乱状態 [パニック]]　動 [うろたえる]
1315	**loan** [lóun]	名 [借金]
1316	**typhoon** [taɪfú:n]	名 [台風]
1317	**buyer** [báɪər]	名 [買い手]
1318	**happiness** [hǽpinəs]	名 [幸福]
1319	**target** [tá:rgət]	名 [ターゲット [標的、目標]]
1320	**teenager** [tí:nèɪdʒər]	名 [ティーンエイジャー] ※13歳から19歳までの少年少女

1310 How many people are there in your (**household**)?
あなたの世帯は何人ですか？

1311 My husband doesn't help me with (**housework**) at all.
夫は全然家事を手伝ってくれないんです。

1312 The (**airway**) announced a flight cancellation.
航空会社が欠航を発表した。

1313 There is a plan to construct a (**railway**) on the island.
その島に鉄道を建設する計画がある。

1314 The news that the tiger had escaped caused (**panic**).
虎が逃げたというニュースがパニックを引き起こした。

1315 I applied for a (**loan**) at the bank, but it was declined.
銀行に借金を申し入れたが、断られた。

1316 A (**typhoon**) hit the area and caused great damage.
台風がその地域を襲って大被害を引き起こした。

1317 The (**buyer**) obtained the painting for only 100 dollars.
買い手はその絵画をたった 100 ドルで手に入れた。

1318 He could feel (**happiness**) only when he was at home.
家にいるときにしか彼は幸せを感じられなかった。

1319 My (**target**) next year is to increase sales by 50%.
僕の来年の目標は売り上げを 50%増やすことです。

1320 This magazine is popular with (**teenagers**) in Japan.
この雑誌は日本では 10 代の若者に人気なんです。

1321	**rhythm** [ríðm]	名 [リズム]
1322	**tunnel** [tʌ́nl]	名 [トンネル]
1323	**vitamin** [váɪtəmɪn]	名 [ビタミン]
1324	**castle** [kǽsl]	名 [城]
1325	**cigarette** [sígərèt]	名 [タバコ]
1326	**collector** [kəléktər]	名 [収集家]
1327	**balcony** [bǽlkəni]	名 [バルコニー]
1328	**bonus** [bóunəs]	名 [ボーナス [賞与]]
1329	**wool** [wúl]	名 [羊毛]
1330	**possibility** [pà:səbíləti]	名 [可能性] 副 possibly もしかすると 熟 if possible 可能なら
1331	**inventor** [ɪnvéntər]	名 [発明者] 動 invent 発明する 名 invention 発明、発明品

1321 Her new song has a good sense of (**rhythm**).
彼女の新曲はリズム感が良い。

1322 Passing through a (**tunnel**), I arrived at my destination.
トンネルを抜けて、目的地に到着した。

1323 Taking this (**vitamin**) tablet will make you feel better.
このビタミン錠剤を飲めば気分が良くなりますよ。

1324 The (**castle**) is one of the World Heritage Sites.
その城は世界遺産の一つです。

1325 (**Cigarette**) smoking is prohibited on campus.
構内では喫煙が禁止されています。

1326 The (**collector**) has over 500 bottles of wine.
その収集家は 500 本以上のワインを持っている。

1327 He grows mini tomatoes on his (**balcony**).
彼はバルコニーでミニトマトを栽培している。

1328 I didn't expect such a big (**bonus**) this year.
今年はそんな高額のボーナスを期待していなかったよ。

1329 This sweater made of (**wool**) will keep you warm.
この羊毛でできているセーターは、冬にあたたかくしてくれるよ。

1330 There is little (**possibility**) that we will find life on Mars.
火星で生命が見つかる可能性はほとんどない。

1331 Do you know the (**inventor**) of the telephone?
電話の発明者を知っていますか？

1332	**playground** [pléɪgràʊnd]	名 [運動場]
1333	**background** [bǽkgráʊnd]	名 [背景、経歴]
1334	**restroom** [réstrù:m]	名 [お手洗い、化粧室]
1335	**coatroom** [kóʊtrù:m]	名 [（手荷物などの）一時預かり所]
1336	**emotion** [ɪmóʊʃən]	名 [感情] 形 emotional 感情的な
1337	**clue** [klú:]	名 [手がかり]
1338	**edge** [édʒ]	名 [端、刃] 熟 on the edge of -ing まさに～しようとして
1339	**excitement** [ɪksáɪtmənt]	名 [興奮] 動 excite わくわくさせる
1340	**silk** [sílk]	名 [絹]
1341	**steel** [stí:l]	名 [鋼]
1342	**madam** [mǽdəm]	名 [奥様]

1332 There were many school boys on the (**playground**).
運動場にたくさんの男子生徒がいた。

1333 His cultural (**background**) influenced his work.
彼の文化的背景が、彼の作品に影響を与えていた。

1334 She has gone to the (**restroom**) to fix her makeup.
彼女は化粧を直すために化粧室に行っている。

1335 He left his jacket and baggage at the (**coatroom**).
彼は上着と手荷物を一時預かり所に預けた。

1336 I hid my (**emotions**) when I heard the sad news.
その悲しいニュースを聞いたとき私は感情を隠した。

1337 The detective couldn't find a (**clue**) to the mystery.
探偵はその謎に対する手がかりを見つけることができなかった。

1338 He was thinking sitting on the (**edge**) of his bed.
彼はベッドの端に座って考え事をしていた。

1339 The final round of the game caused great (**excitement**).
その試合の最終ラウンドはすごい興奮を引き起こした。

1340 The wedding dress she is wearing is made of (**silk**).
彼女が着ているウェディングドレスは絹でできている。

1341 A group of archaeologists found a (**steel**) sword.
考古学者のグループが鋼鉄でできた剣を見つけた。

1342 "Ma'am" is a shortened form of "(**madam**)".
「ma'am」は「madam」の短縮形です。

1343	**maker** [méɪkər]	名 [製造元、メーカー]
1344	**supporter** [səpɔ́:rtər]	名 [支持者]
1345	**aerobics** [eəróubɪks]	名 [エアロビクス] 形 aerobic エアロビクスの
1346	**aluminum** [əlú:mənəm]	名 [アルミニウム]
1347	**database** [déɪtəbèɪs]	名 [データベース]
1348	**error** [érər]	名 [間違い]
1349	**fat** [fǽt]	名 [脂肪]
1350	**gap** [gǽp]	名 [隔たり、隙間]
1351	**viewer** [vjú:ər]	名 [見る人]
1352	**mood** [mú:d]	名 [気分]
1353	**orchestra** [ɔ́:rkəstrə]	名 [オーケストラ [管弦楽団]]

1343 Japan was once the greatest car (**maker**) in the world.
日本はかつて世界一の車製造元であった。

1344 The environmental group has a lot of (**supporters**).
その環境グループにはたくさんの支援者がいる。

1345 She goes to (**aerobics**) class every weekend.
彼女は毎週末にエアロビクスのクラスに通っています。

1346 (**Aluminum**) dishes are suitable for Chinese food.
アルミ製の皿は中華料理にぴったりだ。

1347 Students here can use a (**database**) of English words.
ここの学生は英単語のデータベースを利用することができる。

1348 Please correct any spelling (**errors**) you see.
もしあればスペルミスを訂正してください。

1349 Too much animal (**fat**) is not good for your health.
動物性脂肪が多すぎると健康に良くない。

1350 The cause of their quarrel was the generation (**gap**).
彼らの言い争いの原因は世代間ギャップだった。

1351 The TV stations got many responses from (**viewers**).
テレビ局は視聴者の反応をたくさん受けた。

1352 He was very tired and in no (**mood**) for karaoke.
彼はとても疲れていてカラオケに行く気分ではなかった。

1353 The (**orchestra**) conductor blew a kiss to the audience.
そのオーケストラの指揮者が観客に投げキッスを送った。

1354	**pamphlet** [pǽmflət]	名 [パンフレット [小冊子]]
1355	**percentage** [pərséntɪdʒ]	名 [パーセンテージ、割合]
1356	**rainwater** [réɪnwɔ̀:tər]	名 [雨水]
1357	**tank** [tǽŋk]	名 [(水や油などの) タンク、水槽]
1358	**pipe** [páɪp]	名 [管]
1359	**wire** [wáɪər]	名 [電線]
1360	**healthcare** [hélθkèr]	名 [健康管理]
1361	**border** [bɔ́:rdər]	名 [国境]
1362	**corporation** [kɔ̀:rpəréɪʃən]	名 [企業]
1363	**fisherman** [fíʃərmən]	名 [漁師]
1364	**function** [fʌ́ŋkʃən]	名 [機能]

1354 The (**pamphlet**) for the movie sold well at an auction.
その映画のパンフレットがオークションで高く売れた。

1355 The (**percentage**) of smokers in Japan is declining.
日本の喫煙者の割合が減っている。

1356 The bucket in the garage was full of (**rainwater**).
ガレージのバケツが雨水でいっぱいだった。

1357 He keeps a lot of tropical fish in a big (**tank**).
彼は大きな水槽で熱帯魚をたくさん飼っている。

1358 The water is sent to all houses through water (**pipes**).
水は水道管を通してすべての家に送られています。

1359 There were three sparrows on the (**wire**).
電線にスズメが3羽止まっていた。

1360 He takes (**healthcare**) more seriously than anyone.
彼は誰よりも健康管理に気を配っている。

1361 Please show your passport to cross the (**border**).
国境を越えるにはパスポートを提示してください。

1362 My cousin works for a big (**corporation**) in the city.
僕のいとこは都会の大企業に勤めてるんだ。

1363 (**Fishermen**) are suffering from climate change.
漁師は気候変動に苦しんでいる。

1364 He has studied the (**functions**) of the heart.
彼は心臓の機能を研究してきた。

1365	**option** [á:pʃən]	名 [選択肢]
1366	**favor** [féɪvər]	名 [親切な行為] 熟 be in favor of~ ～に賛成である
1367	**harvest** [há:rvəst]	名 [収穫]
1368	**lens** [lénz]	名 [レンズ]
1369	**mess** [més]	名 [混乱] 熟 make a mess 散らかす
1370	**oxygen** [á:ksɪdʒən]	名 [酸素]
1371	**phenomenon** [fɪná:mənà:n]	名 [現象] 名 phenomena phenomenonの複数形
1372	**purse** [pə́:rs]	名 [財布] 名 wallet 財布、札入れ
1373	**rat** [rǽt]	名 [ネズミ] 名 mouse ハツカネズミ
1374	**row** [róʊ]	名 [列] 熟 in a row 1列に並んで、連続して
1375	**shock** [ʃá:k]	名 [衝撃]

1365 I have no (**option**) but to apologize to her.
僕には彼女に謝る以外の選択肢はない。

1366 Would you please do me a (**favor**)?
お願いがあるのですが（私に親切な行いをしてくれませんか）？

1367 We are suffering from a poor (**harvest**) this year.
私たちは今年、乏しい収穫に苦しんでいる。

1368 She usually wears contact (**lenses**) when she is out.
彼女は外出時にたいていコンタクトレンズをつけている。

1369 He tidied his room up because it was a real (**mess**).
彼は部屋がとても散らかっていたので片付けた。

1370 All living things on the earth need (**oxygen**) to survive.
地球上のすべての生き物は生きるために酸素を必要とする。

1371 A rainbow is a natural (**phenomenon**) everyone knows.
虹はみんなが知っている自然現象です。

1372 She has an expensive (**purse**), though she is not rich.
彼女はお金持ちではないけれども、高価な財布を持っている。

1373 There are too many (**rats**) living in the attic.
屋根裏部屋にはあまりに多くのネズミが住んでいる。

1374 We found our seats in the last (**row**).
私たちは座席を最後列に見つけた。

1375 The news of the plane crash gave her a great (**shock**).
飛行機の墜落事故に関するニュースは彼女に大きな衝撃を与えた。

1376	**theme** [θíːm]	名［主題［テーマ］］
1377	**tip** [típ]	名［心づけ［チップ］、先端］
1378	**tribe** [tráɪb]	名［部族］
1379	**wheel** [hwíːl]	名［車輪］
1380	**flood** [flʌ́d]	名［洪水］　動［水浸しにする］
1381	**youth** [júːθ]	名［若さ］
1382	**track** [trǽk]	名［跡］
1383	**nation** [néɪʃən]	名［国民、国家］ 形 national 国の、国立の 形 international 国際的な
1384	**thread** [θréd]	名［糸］
1385	**workplace** [wə́ːrkplèɪs]	名［職場］
1386	**workout** [wə́ːrkàʊt]	名［運動、練習］

1376 The (**theme**) for his report was global warming.

彼のレポートのテーマは地球温暖化でした。

1377 In Japan, we give no (**tip**) to servers or taxi drivers.

日本では給仕にもタクシードライバーにもチップを渡さない。

1378 Cherokee is the name of a Native American (**tribes**).

チェロキーはあるアメリカ先住民族の名前です。

1379 Something is wrong with the (**wheels**) of my car.

僕の車の車輪が何かおかしい。

1380 The bridge was washed away by the (**flood**).

橋が洪水に流された。

1381 Eating well is the secret to keeping your (**youth**).

よく食べることが若さを保つ秘訣です。

1382 The man who lost his way finally found car (**tracks**).

道に迷った男性がついに車の通った跡を見つけた。

1383 The rich country used to be a developing (**nation**).

その裕福な国はかつて発展途上国だった。

1384 I am not used to using a needle and (**thread**).

針と糸を使うことには慣れていません。

1385 Her (**workplace**) is within a five-minute walk.

彼女の職場は徒歩 5 分以内のところにあります。

1386 The boxer spent many hours doing (**workouts**).

そのボクサーは練習に何時間も費やした。

1387	**colleague** [ká:li:g]	名 [同僚]
1388	**league** [lí:g]	名 [同盟、連盟 [リーグ]]
1389	**region** [rí:dʒən]	名 [地域] 形 regional 地域の
1390	**religion** [rɪlídʒən]	名 [宗教] 形 religious 宗教の、信心深い
1391	**revolution** [rèvəlú:ʃən]	名 [革命] 動 revolve 回転する
1392	**evolution** [èvəlú:ʃən]	名 [進化] 動 evolve 進化する
1393	**prison** [prízn]	名 [刑務所] 動 imprison 投獄する
1394	**makeup** [méɪkʌ̀p]	名 [化粧]
1395	**psychologist** [saɪká:lədʒɪst]	名 [心理学者] 名 psychology 心理学
1396	**aisle** [áɪl]	名 [通路]
1397	**anxiety** [æŋzáɪəti]	名 [不安] 熟 be anxious about~ ～のことを心配している 熟 be anxious for~ ～を切望している

1387 One of my (**colleagues**) gave me useful advice.
同僚の一人が役に立つ助言を与えてくれた。

1388 He is a player who played in the major (**leagues**).
彼はメジャーリーグでプレイしていた選手です。

1389 Several pyramids were found in the desert (**region**).
砂漠地域でピラミッドがいくつか見つかった。

1390 Freedom of (**religion**) is guaranteed by law.
宗教の自由は法律で保障されている。

1391 The French (**Revolution**) broke out in 1789.
フランス革命は 1789 年に勃発した。

1392 No one challenged the theory of (**evolution**).
進化論に異議を唱える者は誰もいなかった。

1393 No one can climb over the high walls of this (**prison**).
誰もこの刑務所の高い壁を乗り越えることはできない。

1394 The actor puts on too much (**makeup**).
その俳優は化粧が濃すぎるんだ。

1395 She is one of the leading (**psychologists**) today.
彼女は現代を代表する心理学者の一人である。

1396 I found my seat on the (**aisle**) of the plane.
私は飛行機で通路側に自分の席を見つけた。

1397 She has great (**anxiety**) about her child's health.
彼女は子どもの健康をとても心配している。

1398	**attendance** [əténdəns]	名 [出席] 動 attend 出席する、参加する
1399	**backyard** [bækjáːrd]	名 [裏庭]
1400	**bargain** [báːrgən]	名 [取引、契約]
1401	**budget** [bʌ́dʒət]	名 [予算]
1402	**candidate** [kǽndədèɪt]	名 [候補者、志願者] 熟 run for~ ～に立候補する
1403	**cave** [kéɪv]	名 [洞窟]
1404	**deposit** [dipáːzət]	名 [預金]
1405	**district** [dístrɪkt]	名 [地区]
1406	**gravity** [grǽvəti]	名 [重力]
1407	**luxury** [lʌ́kʃəri]	名 [ぜいたく品] 形 luxurious 豪華な、ぜいたくな
1408	**minister** [mínəstər]	名 [大臣] 名 prime minister 総理大臣

1398 Lack of (**attendance**) was the cause of his dropout.
出席不足が彼が退学した理由だった。

1399 My mother grows some vegetables in her (**backyard**).
うちの母は、裏庭で野菜をいくらか栽培しているんです。

1400 They made a (**bargain**) to develop a new product jointly.
彼らは共同で新製品を開発する契約を結んだ。

1401 The price offered by the clerk was over (**budget**).
店員が申し出た価格は予算オーバーだった。

1402 Our political party supports this new (**candidate**).
我々の政党はこの新しい立候補者を応援しています。

1403 Bears hibernating in (**caves**) will soon come out.
洞窟で冬眠している熊がもうすぐ出てくるだろう。

1404 You don't get much interest on your (**deposit**).
預金していてもあまり利息はつかないよ。

1405 Our plan is to open a new store in the (**district**).
我々の計画はその地域に新しい店をオープンすることだ。

1406 He couldn't say who discovered the law of (**gravity**).
彼は誰が重力の法則を発見したのか言えなかった。

1407 She is too accustomed to her life of (**luxury**).
彼女はぜいたくな生活に慣れすぎているんだ。

1408 Japan has a prime (**minister**), not a president.
日本には大統領ではなく、総理大臣がいます。

1409	**navy** [néɪvi]	名 [海軍] 名 army 陸軍 名 air force 空軍
1410	**poverty** [pá:vərti]	名 [貧乏]
1411	**principle** [prínsəpl]	名 [原理] 熟 in principle 原則として
1412	**proposal** [prəpóuzəl]	名 [提案] 動 propose 提案する
1413	**sidewalk** [sáɪdwɔ̀:k]	名 [歩道] 名 pavement 歩道
1414	**souvenir** [sù:vəníər]	名 [みやげ]
1415	**statue** [stǽtʃu:]	名 [像]
1416	**valley** [vǽli]	名 [谷]
1417	**wildlife** [wáɪldlàɪf]	名 [野生生物]
1418	**lane** [léɪn]	名 [小道]
1419	**trail** [tréɪl]	名 [小道]

1409 He is the commander of 100 soldiers in the (**navy**).

彼は海軍の 100 人の兵士の司令官だ。

1410 The poet lived in (**poverty**) all his life.

その詩人は生涯貧困生活を送った。

1411 Priority is given to women and children in (**principle**).

原則として女性と子ども優先です。

1412 Unfortunately your (**proposal**) has been rejected.

残念ながらあなたの提案は拒絶されました。

1413 The bike parked on the (**sidewalk**) is in the way.

歩道に停めてある自転車が邪魔になっている。

1414 If you go to Hokkaido, buy me some (**souvenirs**).

もし北海道に行くなら、おみやげを買ってきてね。

1415 The (**Statue**) of Liberty was a gift from France.

自由の女神像はフランスからの贈り物だった。

1416 An unknown creature seems to be living in the (**valley**).

その谷には未知の生物が住んでいるらしい。

1417 He is a member of a (**wildlife**) conservation group.

彼はその野生生物保護団体のメンバーです。

1418 We walked along the (**lane**) lined with cherry trees.

僕たちは桜の木が並ぶ小道を散歩した。

1419 I got lost on the mountain (**trail**) late last night.

僕は昨日の夜遅くに山道で道に迷ったんだ。

1420	**rainforest** [réɪnfɔ̀rəst]	名 [熱帯雨林] 名 tropical rain forest 熱帯雨林
1421	**scholar** [skάːlər]	名 [学者]
1422	**scholarship** [skάːlərʃìp]	名 [奨学金]
1423	**tornado** [tɔːrnéɪdoʊ]	名 [大竜巻 [トルネード]]
1424	**volcano** [vɑːlkéɪnoʊ]	名 [火山] 形 volcanic 火山の、火山性の
1425	**attendant** [əténdənt]	名 [接客係]
1426	**accounting** [əkáʊntiŋ]	名 [会計]
1427	**allowance** [əláʊəns]	名 [手当、小遣い]
1428	**basement** [béɪsmənt]	名 [地階]
1429	**brick** [brìk]	名 [れんが]
1430	**committee** [kəmìti]	名 [委員会]

1420 The destruction of tropical (**rainforests**) is a problem.
熱帯雨林の破壊が問題だ。

1421 Environmental problems will be discussed by (**scholars**).
環境問題が学者によって議論されるだろう。

1422 The (**scholarship**) enabled her to go on to university.
奨学金のおかげで彼女は大学に進学できた。

1423 The villagers managed to escape from the (**tornado**).
村人たちはなんとか大竜巻から逃れた。

1424 The (**volcano**) hasn't erupted for 500 years.
その火山は 500 年噴火していません。

1425 An (**attendant**) kindly led us to our seats.
接客係が親切にも私たちを席まで誘導してくれた。

1426 The (**accounting**) report says the rent costs too much.
会計報告によると、家賃がかかりすぎだ。

1427 Our company has a childcare (**allowance**).
我が社には育児手当があります。

1428 Wine is stored in the (**basement**) of that liquor store.
その酒屋の地下室にはワインが貯蔵されている。

1429 That (**brick**) building is a watermill.
あのれんが造りの建物は水車小屋です。

1430 We will discuss the matter at the (**committee**).
私たちは委員会でその問題を議論するつもりです。

1431	**compromise** [ká:mprəmàɪz]	名 [妥協]
1432	**continent** [ká:ntənənt]	名 [大陸] 形 continental 大陸の、大陸性の
1433	**deer** [díər]	名 [シカ]
1434	**demonstration** [dèmənstréɪʃən]	名 [実演、表示] 動 demonstrate 示す、論証する
1435	**destruction** [dɪstrʌ́kʃən]	名 [破壊] 動 destroy 破壊する
1436	**dormitory** [dɔ́:rmətɔ̀:ri]	名 [寮]
1437	**entry** [éntri]	名 [加入]
1438	**estate** [ɪstéɪt]	名 [財産、土地]
1439	**farewell party** [fèərwél pá:rti]	名 [送別会]
1440	**feedback** [fí:dbæ̀k]	名 [反応]
1441	**fertilizer** [fə́:rtəlàɪzər]	名 [肥料]

1431 The chef does not permit (**compromise**) on taste.
シェフは味に妥協を許さない。

1432 Antarctica is one of the five (**continents**) of the world.
南極大陸は世界 5 大陸の一つです。

1433 The (**deer**) in Nara get along well with people.
奈良のシカは人懐こい。

1434 Smiling is a (**demonstration**) of good character.
笑顔は性格が良いことの表れです。

1435 Environmental (**destruction**) has become a problem.
環境破壊が問題になっている。

1436 She lives with her roommate in a (**dormitory**).
彼女は寮でルームメイトと暮らしている。

1437 Japan gained (**entry**) to the United Nations in 1956.
日本は 1956 年に国際連合に加盟した。

1438 She bought a large (**estate**) in the suburbs.
彼女は郊外に大きな土地を買った。

1439 When was the teacher's (**farewell party**)?
先生のお別れ会はいつでしたっけ？

1440 We consider the (**feedback**) from our customers.
我々は顧客からの反応を考慮しております。

1441 Artificial (**fertilizer**) made mass production possible.
人工肥料は大量生産を可能にした。

1442	**firefighter** [fáɪrfàɪtər]	名 [消防士]
1443	**formation** [fɔːrméɪʃən]	名 [構成、形成]
1444	**fur** [fə́ːr]	名 [毛皮]
1445	**gene** [dʒíːn]	名 [遺伝子] 形 genetic 遺伝子の
1446	**humidity** [hjuːmídəti]	名 [湿気] 形 humid 湿度の高い
1447	**illusion** [ɪlúːʒən]	名 [錯覚]
1448	**instinct** [ínstɪŋkt]	名 [本能] 熟 by instinct 本能から
1449	**invitation** [ìnvətéɪʃən]	名 [招待]
1450	**laptop** [lǽptàp]	名 [ノートパソコン]
1451	**latter** [lǽtər]	名 [後者] 名 former 前者
1452	**luggage** [lʌ́gɪdʒ]	名 [手荷物] 名 baggage 手荷物

1442 The (**firefighters**) arrived at the scene immediately.

即座に消防士が現場に到着した。

1443 I hear personality (**formation**) is completed by three.

人格形成は 3 歳までに完了するそうだ。

1444 She couldn't afford the (**fur**) coat on her small income.

彼女の少ない収入ではその毛皮のコートを買う余裕はなかった。

1445 DNA is the material that makes up our (**genes**).

DNA は遺伝子を構成する物質です。

1446 The high (**humidity**) in the room made him sick.

その部屋の高い湿度のせいで彼は気分が悪くなった。

1447 A philosopher once said that life was only an (**illusion**).

ある哲学者がかつて、人生はたんなる幻想にすぎないと言った。

1448 Do chimpanzees really live relying only on (**instinct**)?

チンパンジーは本当に本能だけに頼って生きているのだろうか？

1449 I had no choice but to decline the (**invitation**).

その招待をお断りするしかなかったのです。

1450 The weight of (**laptops**) has halved in the last decade.

ノートパソコンの重量はここ 10 年で半分になった。

1451 Of math and science, she excels in the (**latter**).

数学と科学のうち、彼女は後者（科学）で優れている。

1452 She had her (**luggage**) searched at the airport.

彼女は空港で手荷物を調べられた。

1453	**nutrition** [n(j)u(:)trɪʃən]	名 [栄養] 形 nutrient 栄養のある
1454	**perfume** [pə́:rfju:m]	名 [香水]
1455	**property** [prɑ́:pərti]	名 [財産、不動産、特性]
1456	**spacecraft** [spéɪskræ̀ft]	名 [宇宙船]
1457	**submarine** [sʌ́bmərì:n]	名 [潜水艦]　形 [海底の]
1458	**toe** [tóʊ]	名 [足の指、爪先]
1459	**trial** [tráɪəl]	名 [裁判、試み]
1460	**currency** [kə́:rənsi]	名 [通貨、流通]
1461	**powder** [páʊdər]	名 [粉末]
1462	**tongue** [tʌ́ŋ]	名 [舌、言語] 熟 on the tip of one's tongue (言葉などが) 喉まで出かかって
1463	**victim** [víktɪm]	名 [犠牲者]

1453 The (**nutrition**) information is on the back of the package.

栄養に関する情報はパッケージの裏にあります。

1454 Will you choose the perfect (**perfume**) for me?

私にぴったりの香水を選んでいただけませんか？

1455 My grandfather owned a lot of (**property**) abroad.

祖父は海外にたくさんの不動産を所有していた。

1456 Can we travel to Mars on a (**spacecraft**) someday?

そのうち我々は宇宙船に乗って火星まで行けるのだろうか？

1457 The world's biggest (**submarine**) is now near Yokohama.

世界最大の潜水艦が、今横浜の近くに来ている。

1458 She tried to stand on her (**toes**) like a ballerina.

彼女はバレリーナのように爪先立ちをしようとした。

1459 The law says that everyone has the right to a (**trial**).

法律に誰でも裁判を受ける権利があると書いてある。

1460 Exchange some money into the (**currency**) of Japan.

お金をいくらか日本の通貨に両替してください。

1461 This machine can grind coffee beans into (**powder**).

この機械を使えばコーヒー豆を挽いて粉にすることができる。

1462 I didn't know the local (**tongue**) but could use English.

地元の言語はわからなかったが英語を使うことができた。

1463 It was a false report that there were many (**victims**).

たくさんの犠牲者が出たというのは誤報だった。

1464	**vocabulary** [voukǽbjəlèri]	名 [語彙]
1465	**voyage** [vɔ́ɪɪdʒ]	名 [航海]
1466	**wage** [wéɪdʒ]	名 [賃金]
1467	**worm** [wə́:rm]	名 [虫]
1468	**oak** [óuk]	名 [オーク、オーク材] ※木材の名称
1469	**pump** [pʌ́mp]	名 [ポンプ]
1470	**sauce** [sɔ́:s]	名 [ソース]
1471	**tap** [tǽp]	名 [蛇口]
1472	**department** [dɪpɑ́:rtmənt]	名 [部門、部署、売り場] 名 department store 百貨店
1473	**orca** [ɔ́:rkə]	名 [シャチ]
1474	**organ** [ɔ́:rgən]	名 [器官]

1464 He has a much larger (**vocabulary**) in English than I.

彼は英語の語彙が私よりもずっと豊富だ。

1465 She has returned from her (**voyage**) around the world.

彼女は世界一周航海から帰ってきています。

1466 It was hard for him to live on his monthly (**wage**).

彼が月給でやっていくのはきつかった。

1467 Which is better bait for fishing, (**worms**) or shrimp?

虫とエビでは、釣りのエサに良いのはどちらですか？

1468 The new table he bought is made of (**oak**).

彼が買った新しいテーブルはオーク材でできています。

1469 A (**pump**) was used to treat the rainwater.

雨水を処理するためにポンプが使われた。

1470 The restaurant refuses to publish their (**sauce**) recipe.

そのレストランはソースのレシピを公開するのを拒んでいる。

1471 Does orange juice really come out of this (**tap**)?

本当にこの蛇口からオレンジジュースが出てくるの？

1472 The emergency (**department**) seems always busy.

救急部門はいつも忙しそうだ。

1473 (**Orcas**) are called the gangsters of the ocean.

シャチは海のギャングと呼ばれている。

1474 Many people are waiting for an (**organ**) transplant.

臓器移植を待っている人は多い。

1475	**majority** [mədʒɔ́:rəti]	名 [多数派、大多数]
1476	**minority** [maɪnɔ́:rəti]	名 [少数派、少数]
1477	**treatment** [trí:tmənt]	名 [扱い、治療]
1478	**volunteer** [vὰ:ləntɪər]	名 [志願者、志願兵]
1479	**order** [ɔ:rdər]	名 [命令、順序]
1480	**nature** [néɪtʃər]	名 [自然、天然、性質、本質] 形 natural 自然の、当然の　副 naturally 当然ながら、自然に　熟 by nature 本来、生まれつき
1481	**tradition** [trədíʃən]	名 [伝統]
1482	**shepherd** [ʃépərd]	名 [羊飼い]
1483	**honor** [á:nər]	名 [名誉]
1484	**appetite** [ǽpətàɪt]	名 [食欲]
1485	**attention** [əténʃən]	名 [注意、注目]

1475 The (**majority**) of people hope for world peace.
大多数の人は世界平和を望んでいる。

1476 A small (**minority**) of the nation oppose the tax system.
国民のうち少数がその税制に反対している。

1477 In some countries, medical (**treatment**) is free.
医学的治療が無料である国もある。

1478 My brother often participates in (**volunteer**) activities.
兄は頻繁にボランティア活動に参加しています。

1479 Arrange the students in alphabetical (**order**).
学生をアルファベット順に並べてください。

1480 (**Nature**) provides us with resources for free.
自然は我々に無料で資源を提供してくれている。

1481 Japan has a long (**tradition**) of rice farming.
日本は稲作の長い伝統がある。

1482 The (**shepherd**) brought his sheep into the barn.
羊飼いが羊を小屋の中に連れてきた。

1483 The soldiers are fighting for the (**honor**) of their nation.
兵士たちは国の名誉のために戦っているのです。

1484 My fever is down and my (**appetite**) came back at last.
熱が下がってやっと食欲が戻ってきた。

1485 Please pay close (**attention**) to our instructions.
我々の指示によく注意を払ってください。

1486	**mental** [méntl]	形 [精神の] 形 physical 肉体的な、物理的な
1487	**nonsmoking** [nànsmóukiŋ]	形 [禁煙の]
1488	**pure** [pjúər]	形 [純粋な] 名 purity 純粋さ
1489	**royal** [rɔ́ıəl]	形 [王室の]
1490	**tropical** [trá:pıkl]	形 [熱帯の] 名 tropical rain forest 熱帯雨林
1491	**academic** [ækədémık]	形 [学問的な] 名 academy 学会、(大学以上の) 教育機関
1492	**classic** [klǽsık]	形 [最高級の、典型的な、古典的な]
1493	**dental** [déntl]	形 [歯の]
1494	**homeless** [hóumləs]	形 [ホームレスの [家のない]]
1495	**constant** [ká:nstənt]	形 [一定の、絶え間ない] 副 constantly 絶えず
1496	**casual** [kǽʒuəl]	形 [無頓着な、形式ばらない、偶然の]

1486 She won the championship with her (**mental**) strength.
彼女は強い精神力で優勝を勝ち取った。

1487 I'd like to reserve two (**nonsmoking**) seats.
禁煙席を 2 席予約したいのですが。

1488 He has property in the form of (**pure**) gold.
彼は純金という形で財産を持っている。

1489 Is it true that you were invited to a (**royal**) party?
あなたが王室パーティーに招待されたって本当？

1490 The area has a (**tropical**) climate, so it is very hot.
その地域は熱帯性気候なのでとても暑い。

1491 Their (**academic**) ability seems to be declining.
彼らの学問的能力が低下しているように思われる。

1492 This is a (**classic**) example of a Greek sculpture.
これはギリシャ彫刻の典型的な例である。

1493 Call to make an appointment with the (**dental**) clinic.
歯医者に予約を入れるために電話しなさい。

1494 The group distributes blankets to the (**homeless**).
そのグループはホームレスに毛布を配布している。

1495 Her (**constant**) effort finally paid off.
彼女の絶え間ない努力がついに実を結んだ。

1496 She is (**casual**) about what she wears.
彼女は着るものに無頓着だ。

1497	**visual**	[víʒuəl]	形 [視覚の]
1498	**fake**	[féɪk]	形 [偽の]
1499	**long-term**	[lɔ́:ŋtə́:rm]	形 [長期の]
1500	**remote**	[rɪmóut]	形 [遠く離れた、へんぴな]
1501	**direct**	[daɪrékt]	形 [直接の]
1502	**sharp**	[ʃá:rp]	形 [鋭い]
1503	**tight**	[tàɪt]	形 [きつい、窮屈な]
1504	**reliable**	[rɪláɪəbl]	形 [信頼できる]
1505	**portable**	[pɔ́:rtəbl]	形 [持ち運びできる]
1506	**formal**	[fɔ́:rml]	形 [正式の]
1507	**technical**	[téknɪkl]	形 [専門の、技術の]

1497 There are no (**visual**) signs of spring so far.
今のところ目に見える春の兆しはない。

1498 Can you prove that this is (**fake**) news?
これがフェイクニュースだって証明できるの？

1499 The (**long-term**) effects of smoking are clear.
喫煙の長期的影響は明らかである。

1500 The population of that (**remote**) village is declining.
その人里離れた村の人口が減少している。

1501 The city was hit by the (**direct**) effects of the disaster.
その都市は災害の直接的な影響に見舞われた。

1502 She seemed to accuse me by giving me a (**sharp**) glance.
彼女が鋭い視線を向けてきて私を非難しているようだった。

1503 The flight schedule is too (**tight**) for us to follow.
フライトスケジュールがきつすぎてこなせない。

1504 Are you sure that the source of the news is (**reliable**)?
本当にそのニュースの情報源は信頼できるの？

1505 We need to buy a (**portable**) radio in case of disaster.
災害の場合に備えて携帯用ラジオを買う必要がある。

1506 It is polite to go to a wedding in a (**formal**) dress.
結婚式には正装で行くのが礼儀だ。

1507 You can't work here without (**technical**) knowledge.
専門知識がなければここで働くことはできません。

1508 **illegal** [ɪlíːgl]
形 [違法の]
形 legal 法律の、合法的な

1509 **polite** [pəláɪt]
形 [礼儀正しい]
副 politely 礼儀正しく
形 impolite 無作法な

1510 **suspicious** [səspíʃəs]
形 [疑わしい、疑惑を起こさせる、怪しい]
熟 be suspicious of~ ～を疑っている
名 suspicion 疑い

1511 **underground** [ʌ́ndərgràʊnd]
形 [地下の]

1512 **sensitive** [sénsətɪv]
形 [敏感な]
形 sensible 分別のある
形 sensual 官能的な

1513 **inexpensive** [ìnɪkspénsɪv]
形 [安い]
形 cheap 安い、安価な

1514 **honest** [áːnəst]
形 [正直な]
形 dishonest 不正直な

1515 **precious** [préʃəs]
形 [貴重な]

1516 **curious** [kjʊ́əriəs]
形 [好奇心の強い、奇妙な]

1517 **visible** [vízəbl]
形 [目に見える]

1518 **invisible** [ɪnvízəbl]
形 [目には見えない]

1508 It is (**illegal**) for you to carry a gun in this country.
この国では銃を持ち歩くことは違法です。

1509 The girl's (**polite**) bow on the stage brought applause.
その女の子が舞台で礼儀正しくお辞儀をしたので拍手が起こった。

1510 It is (**suspicious**) how he suddenly showed up like that.
彼が突然、あのように現れたのは怪しい。

1511 There is a plan to use (**underground**) water.
地下水を利用しようという計画がある。

1512 The novelist is (**sensitive**) to the readers' reactions.
その小説家は読者の反応に敏感である。

1513 The store sells (**inexpensive**) used clothes.
その店は安い古着を販売している。

1514 To be (**honest**), I don't like the color of your dress.
正直に言うと、私はあなたのドレスの色が気に入らない。

1515 This photo is a (**precious**) memory with him.
この写真は彼との貴重な思い出なんです。

1516 My son is (**curious**) and wants to see everything.
うちの息子は好奇心が強くて、なんでも見たがる。

1517 The star is hardly (**visible**) to the naked eye.
その恒星は肉眼ではほとんど見えない。

1518 Viruses are too small and (**invisible**) for the human eye.
ウイルスは小さすぎて人間の目には見えない。

1519	**cruel** [krúːəl]	形 [残酷な]
1520	**rude** [rúːd]	形 [失礼な、乱暴な]
1521	**steady** [stédi]	形 [着実な]
1522	**organic** [ɔːrgǽnɪk]	形 [有機の]
1523	**rapid** [rǽpɪd]	形 [速い]
1524	**secondhand** [sékəndhǽnd]	形 [中古の] 形 used 中古の
1525	**jealous** [dʒéləs]	形 [しっと深い] 熟 be jealous of~ ～を妬んでいる
1526	**gentle** [dʒéntl]	形 [優しい] 副 gently 優しく
1527	**capable** [kéɪpəbl]	形 [能力がある] 熟 be capable of~ ～ができる 形 able 能力がある
1528	**ashamed** [əʃéɪmd]	形 [恥じて] 熟 be ashamed of~ ～を恥じている
1529	**stable** [stéɪbl]	形 [安定した]

1519 It was (**cruel**) of her to behave indifferently to him.
彼女が彼に無関心な態度をとるなんて残酷だったな。

1520 Please avoid (**rude**) comments.
失礼なコメントは避けてください。

1521 Her effort led to a (**steady**) increase in sales.
彼女の努力が売り上げの着実な増加につながった。

1522 These carrots were grown in an (**organic**) method.
これらのにんじんは有機的な方法で栽培されました。

1523 He found his son's (**rapid**) growth spectacular.
彼は息子の急速な成長に目を見張った。

1524 Is there a shop which sells (**secondhand**) bikes?
中古自転車を売っているお店はありますか？

1525 It is not good to be (**jealous**) of other people's talents.
他人の才能を妬むのはいいことではありません。

1526 She said "Good job", in a (**gentle**) voice.
彼女は優しい声で「お疲れ様」と言った。

1527 He is (**capable**) of mentally calculating in a short time.
彼は短時間で暗算をする能力がある。

1528 He is (**ashamed**) of his rude remarks at the meeting.
彼は会議で失礼な発言をしてしまったことを恥じている。

1529 Try to get into a (**stable**) mindset just before the exam.
試験の直前は精神的に安定するよう努めなさい。

1530	**athletic** [æθlétɪk]	形 [運動競技の]
1531	**awake** [əwéɪk]	形 [目が覚めて]
1532	**genetic** [dʒənétɪk]	形 [遺伝子の] 名 gene 遺伝子
1533	**potential** [pəténʃəl]	形 [潜在的な]
1534	**specific** [spəsífɪk]	形 [特定の、具体的な]
1535	**awful** [ɔ́ːfl]	形 [ひどい、恐ろしい]
1536	**ambitious** [æmbíʃəs]	形 [意欲的な]
1537	**generous** [dʒénərəs]	形 [気前の良い、寛大な]
1538	**contemporary** [kəntémpərèri]	形 [同時代の、現代の]
1539	**mountainous** [máuntənəs]	形 [山の多い、山岳の]
1540	**firm** [fəːrm]	形 [堅い、しっかりした]

1530 She made a lot of rice balls for the (**athletic**) meet.
彼女は運動会のために、おにぎりをたくさん作った。

1531 The noise from the neighbor kept me (**awake**) all night.
隣人の騒音のせいで私は一晩中起きたままだった。

1532 Cancer seems to be caused by (**genetic**) factors.
がんは遺伝的な要因によって引き起こされるようだ。

1533 He has the (**potential**) ability to become a president.
彼は大統領になる潜在的な能力を持っている。

1534 His proposal had no (**specific**) goal, so we rejected it.
彼の提案には具体的な目標がなかったので却下した。

1535 We are worried about the (**awful**) effects of the war.
我々はその戦争の恐ろしい影響を心配している。

1536 She is (**ambitious**) to win the speech contest.
彼女はスピーチコンテストで優勝することに意欲的だ。

1537 How (**generous**) of you to forgive their mistakes!
彼らのミスを許すなんて、あなたはなんて寛大なんだ！

1538 She studies (**contemporary**) history at a university.
彼女は大学で現代史を研究している。

1539 She was born and raised in a (**mountainous**) village.
彼女は山の多い村で生まれ育ったのです。

1540 Her biological theory was on (**firm**) ground.
彼女の生物学理論はしっかりした根拠に基づいている。

1541	**sometime** [sʌ́mtàɪm]	副 [いつか、いつの日か]
1542	**somehow** [sʌ́mhàʊ]	副 [どういうわけか、なんとかして]
1543	**somewhat** [sʌ́m(h)wɑ̀:t]	副 [いくぶん、やや]
1544	**upon** [əpɑ́:n]	前 [〜の上で]
1545	**toward** [t(w)ɔ́:rd]	前 [〜のほうへ、〜のほうに向かって] 前 towards 〜のほうへ、〜のほうに向かって
1546	**instead** [ɪnstéd]	副 [そうではなく、その代わりに]
1547	**virtually** [vɚ́:rtʃuəli]	副 [実質的に、事実上]
1548	**forever** [fərévər]	副 [永久に] 熟 for good 永遠に
1549	**equally** [í:kwəli]	副 [等しく] 形 equal 平等な 名 equality 平等
1550	**generally** [dʒénərəli]	副 [一般的に、概して] 熟 in general 一般に、概して
1551	**secretly** [sí:krətli]	副 [こっそりと]

1541 Let's finish the discussion and continue (**sometime**).
議論を終えていつか続きをやろう。

1542 He will (**somehow**) find a way to escape.
彼はなんとかして脱出する方法を見つけるだろう。

1543 My view is (**somewhat**) different from yours.
私の見解はあなたの見解とはいくぶん異なる。

1544 Feel free to eat the cookies (**upon**) the table.
テーブルの上のクッキーを自由に食べていいよ。

1545 Your effort will definitely go (**toward**) success.
あなたの努力は必ず成功のほうへ向かっている。

1546 If the shop is closed, we will go to another (**instead**).
もしその店が閉まっていたら、代わりに別の店に行くつもりだ。

1547 That man is (**virtually**) the ruler of our country.
あの人は実質的に我々の国の支配者だ。

1548 I will remember the kindness I received (**forever**).
受けたご親切は永遠に忘れません。

1549 She divided the candies (**equally**) among her children.
彼女は子どもたちのあいだで、キャンディーを平等に分けた。

1550 (**Generally**) speaking, women live longer than men.
一般的に言って、女性のほうが男性よりも長生きだ。

1551 I (**secretly**) hoped that she would change her mind.
僕は彼女が心変わりすることを密かに望んでいた。

1552	**indoors** [ɪndɔ́:rz]	副 [屋内に]
1553	**locally** [lóukəli]	副 [地元で]
1554	**shortly** [ʃɔ́:rtli]	副 [間もなく]
1555	**healthily** [hélθili]	副 [健康で]
1556	**hopefully** [hóupfəli]	副 [うまくいけば]
1557	**forth** [fɔ́:rθ]	副 [前方へ] 熟 back and forth 行ったり来たり
1558	**afterward** [ǽftərwərd]	副 [後で]
1559	**aside** [əsáɪd]	副 [脇に] 熟 aside from~ ～は別として
1560	**terribly** [térəbli]	副 [とても]
1561	**truly** [trú:li]	副 [真に、本当に]
1562	**upstairs** [ʌ́pstéərz]	副 [上の階へ] 副 downstairs 下の階へ

1552 He stayed (**indoors**) and was absorbed in reading.
彼は家にいて読書に没頭していた。

1553 She is famous (**locally**) as a businessperson.
彼女は実業家として地元で有名です。

1554 They got married (**shortly**) after graduation.
彼らは卒業して間もなく結婚した。

1555 Eating (**healthily**) is important to avoid getting sick.
健康的な食生活は病気を避けるために大切だ。

1556 (**Hopefully**), I can finish my task by next Tuesday.
うまくいけば、今度の火曜日までに仕事を終えられる。

1557 He went back and (**forth**) to Tokyo last week.
彼は先週東京まで行ったり来たりした。

1558 I'm busy now. Please call me back (**afterward**).
今忙しいんだ。後でかけ直してくれないか。

1559 He stepped (**aside**) for the lady to enter the room.
その女性が部屋に入れるように彼は一歩横に歩いた。

1560 He was (**terribly**) tired and couldn't take a shower.
彼はひどく疲れていて、シャワーも浴びられなかった。

1561 He has a reputation for being a (**truly**) diligent person.
彼は本当に勤勉な人だという評判がある。

1562 I hear a noise (**upstairs**) though no one is there.
誰もいないのに上の階で物音が聞こえる。

1563	**nor** [nɔ:r]	接 [〜もまた…ない] 熟 neither A nor B AもBも〜ない
1564	**recently** [rí:sntli]	副 [最近]
1565	**anyway** [éniwèɪ]	副 [いずれにせよ、とにかく]
1566	**sincerely** [sɪnsíərli]	副 [誠実に、心から]
1567	**somewhere** [sʌ́m(h)wèər]	副 [どこかで]
1568	**farther** [fá:rðər]	副 [さらに遠くへ、さらに]
1569	**precisely** [prɪsáɪsli]	副 [正確に]
1570	**immediately** [ɪmí:diətli]	副 [ただちに、すぐに] 熟 at once ただちに
1571	**extremely** [ɪkstrí:mli]	副 [極端に、とても] 形 extreme 極端な
1572	**consequently** [ká:nsəkwèntli]	副 [結果として、その結果] 名 consequence 結果
1573	**conversely** [kənvə́:rsli]	副 [逆に]

1563 He can't go shopping alone, (**nor**) can his brother.
彼は一人で買い物に行けない、弟もまた行けない。

1564 (**Recently**), we often see the effects of climate change.
最近、気候変動の影響をよく見かける。

1565 (**Anyway**), you had better listen to your parents.
とにかく、親の言うことに耳を傾けたほうがいいよ。

1566 I (**sincerely**) hope that you will return home safely.
あなたが無事に家に帰ってくることを心から願っています。

1567 I remember seeing him (**somewhere**) before.
以前にどこかで彼と会った覚えがある。

1568 I felt that I needed to go (**farther**).
私はもっと遠くへ行く必要があると感じたよ。

1569 This is (**precisely**) what I have wanted.
これはまさしく、私がずっとほしかったものだ。

1570 She got up suddenly and left the room (**immediately**).
彼女は突然立ち上がって、すぐに部屋から出て行った。

1571 Your brother is an (**extremely**) good pianist, isn't he?
あなたのお兄さんはとてもピアノがうまいね？

1572 He behaved selfishly and was (**consequently**) scolded.
彼はわがままな行動をしてその結果叱られた。

1573 I'm not indifferent. (**Conversely**), I like your idea.
無関心ってわけではないんだ。逆に、君の考えが気に入っている。

1574	**on top of**	熟 [〜の上に、〜に加えて]
1575	**try on**	熟 [〜を試着する]
1576	**turn down**	熟 [〜を断る] 動 refuse 拒否する 動 reject 拒否する
1577	**with[in] regard to**	熟 [〜に関して]
1578	**in exchange for**	熟 [〜と交換に、〜と引き換えに]
1579	**take~ by surprise**	熟 [〜の不意をつく、〜をびっくりさせる]
1580	**be of help**	熟 [助かる、役立つ]
1581	**brush up**	熟 [〜を磨き直す] 動 cultivate 洗練させる、磨きをかける
1582	**cut off**	熟 [〜を打ち切る]
1583	**for ages**	熟 [長い間]
1584	**ahead of**	熟 [〜の前に、〜よりも進んで]

1574 (**On top of**) the fare, we require an additional charge.
運賃に加えて、追加料金が必要です。

1575 She (**tried on**) three jackets but bought none of them.
彼女は上着を 3 着試着したが、どれも買わなかった。

1576 I regret to tell you that your request was (**turned down**).
残念ながら、あなたの要求は拒絶されました。

1577 I have something to say (**with regard to**) that decision.
その決定に関して、言わなくてはいけないことがあります。

1578 He lost trust (**in exchange for**) financial success.
彼は経済的成功と引き換えに信頼を失った。

1579 We were (**taken by surprise**) by her sudden visit.
彼女の突然の訪問にびっくりした。

1580 Her hint (**was of**) great (**help**) in solving the problem.
彼女がくれたヒントは、その問題を解くのにとても役に立った。

1581 I'm going to the U.S.A. to (**brush up**) my English skills.
英語の技術を磨くためにアメリカに行くことになっているんだ。

1582 We had to (**cut off**) the plan to build the park there.
私たちは、そこに公園を造る計画を打ち切らざるを得なかった。

1583 I haven't seen my parents (**for ages**).
私は長いあいだ、両親と会っていない。

1584 That country is (**ahead of**) others in AI.
あの国は人工知能では他の国よりも進んでいる。

1585	**at best**	熟 [せいぜい] 熟 at least 少なくとも 熟 at most 多くて、せいぜい
1586	**a piece of cake**	熟 [簡単なこと]
1587	**call off**	熟 [〜を中止する] 動 cancel 中止する 熟 put off~ 〜を延期する
1588	**call out**	熟 [〜を大声で呼ぶ]
1589	**close at hand**	熟 [すぐ手の届くところに]
1590	**out of control**	熟 [制御不能で]
1591	**around the corner**	熟 [角を曲がったところに、すぐそこに]
1592	**at all costs**	熟 [ぜひとも、どんな犠牲を払っても]
1593	**at any cost**	熟 [ぜひとも、どんな犠牲を払っても]
1594	**cover up**	熟 [〜を隠す] 動 hide 隠す
1595	**die out**	熟 [死に絶える] 動 extinguish 絶滅させる 動 exterminate 絶滅させる

1585 My test score will be average (**at best**).
私のテストの得点はせいぜい平均点だろう。

1586 Working on a computer is (**a piece of cake**) for her.
コンピュータの操作は彼女には朝飯前だ。

1587 The World Cup match was (**called off**) because of rain.
ワールドカップの試合は雨のため中止になりました。

1588 She (**called out**) several times, but no one noticed.
彼女は何度も大声で呼んだが、誰も気づかなかった。

1589 The time is (**close at hand**) when AI will do human jobs.
AI が人間の仕事をしてくれるときが、すぐそこまで来ている。

1590 The fire is spreading and is (**out of control**) now.
火災が広がって、今では手に負えなくなっている。

1591 I feel recently that spring is just (**around the corner**).
最近、春がすぐそこまで来ている気がする。

1592 She is determined to achieve her goal (**at all costs**).
彼女は、どんな犠牲を払っても目標を達成しようと決意している。

1593 The politician hopes to win the election (**at any cost**).
その政治家は、どんな犠牲を払っても選挙に勝つことを望んでいる。

1594 He tried to (**cover up**) his subordinate's failures.
彼は部下の失敗を隠そうとした。

1595 Dinosaurs (**died out**) millions of years ago.
恐竜は数百万年も前に絶滅した。

1596	**in fact**	熟 [実は]
1597	**by far**	熟 [はるかに] (比較級・最上級を強調する副詞)
1598	**give ~ a hand**	熟 [～に手を貸す]
1599	**give in**	熟 [～を提出する]
1600	**for good**	熟 [永遠に] 副 forever 永遠に
1601	**hand down**	熟 [～を伝える]
1602	**hand in hand**	熟 [協力して]
1603	**hand out**	熟 [～を配る]
1604	**on hand**	熟 [手元に]
1605	**have second thoughts**	熟 [考え直す]
1606	**at heart**	熟 [心の底では、本当は]

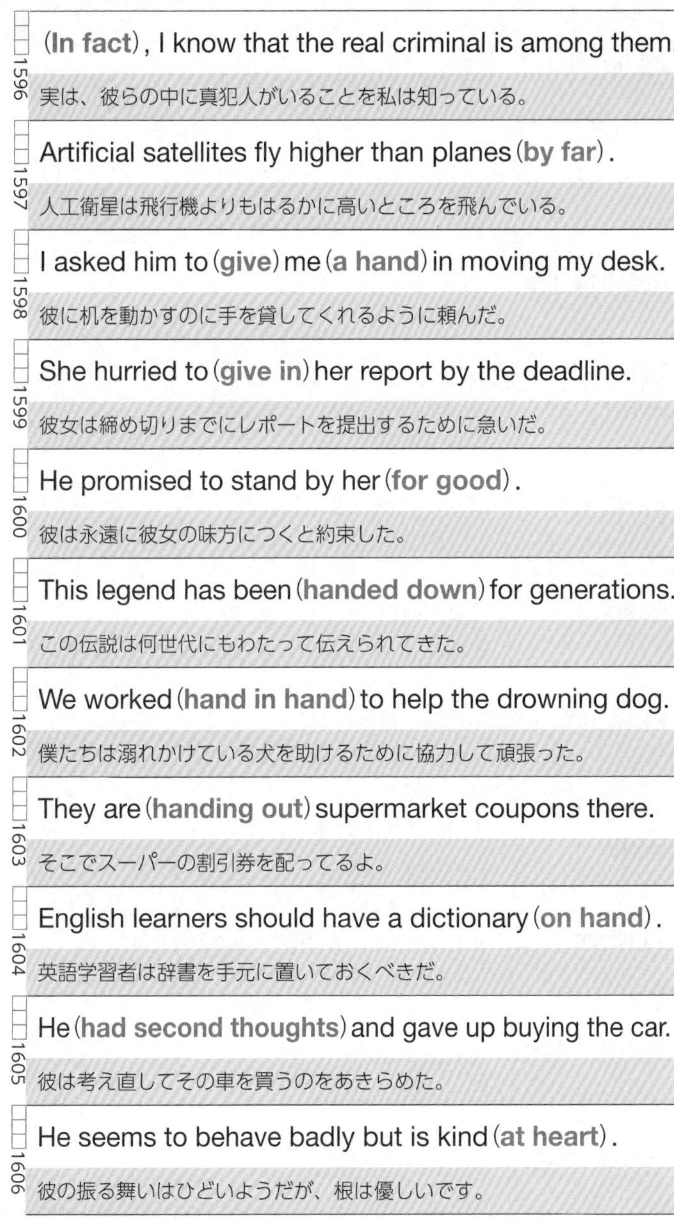

1596 (**In fact**), I know that the real criminal is among them.
実は、彼らの中に真犯人がいることを私は知っている。

1597 Artificial satellites fly higher than planes (**by far**).
人工衛星は飛行機よりもはるかに高いところを飛んでいる。

1598 I asked him to (**give**) me (**a hand**) in moving my desk.
彼に机を動かすのに手を貸してくれるように頼んだ。

1599 She hurried to (**give in**) her report by the deadline.
彼女は締め切りまでにレポートを提出するために急いだ。

1600 He promised to stand by her (**for good**).
彼は永遠に彼女の味方につくと約束した。

1601 This legend has been (**handed down**) for generations.
この伝説は何世代にもわたって伝えられてきた。

1602 We worked (**hand in hand**) to help the drowning dog.
僕たちは溺れかけている犬を助けるために協力して頑張った。

1603 They are (**handing out**) supermarket coupons there.
そこでスーパーの割引券を配ってるよ。

1604 English learners should have a dictionary (**on hand**).
英語学習者は辞書を手元に置いておくべきだ。

1605 He (**had second thoughts**) and gave up buying the car.
彼は考え直してその車を買うのをあきらめた。

1606 He seems to behave badly but is kind (**at heart**).
彼の振る舞いはひどいようだが、根は優しいです。

1607	**by heart**	熟 [そらで、暗記して] 熟 learn A by heart Aを暗記する
1608	**hold on**	熟 [電話を切らずに待つ]
1609	**hold the line**	熟 [電話を切らずに待つ]
1610	**keep ~ in mind**	熟 [～を心に留める] 熟 bear ~ in mind ～を心に留める
1611	**keep out**	熟 [～を閉め出す、～を中に入れない]
1612	**keep at**	熟 [～を根気よく続ける]
1613	**keep off**	熟 [～に近づかない]
1614	**keep one's head**	熟 [冷静さを保つ]
1615	**at large**	熟 [野放しで、逃亡中で]
1616	**before long**	熟 [間もなく] 副 soon 間もなく
1617	**for so long**	熟 [長いあいだ]

1607 We had to learn the meanings of the words (**by heart**).
僕たちはその単語の意味を暗記しなければならなかった。

1608 He will come soon so please (**hold on**) a minute.
彼は間もなく来ますから、電話を切らずに少々お待ちください。

1609 (**Hold the line**) until the police come to you.
警察が行くまで電話を切らないでいてください。

1610 (**Keep in mind**) that money is not the most important.
お金がいちばん大事ではないということを、心に留めておきなさい。

1611 Close the windows to (**keep out**) the hard rain.
強い雨が入ってこないように窓を閉めてください。

1612 The key to succeed was to (**keep at**) our work.
成功するためのカギは、仕事を根気よく続けることだった。

1613 (**Keep off**) the school building during the exam period.
試験期間中は校舎に入らないでください。

1614 You should (**keep your head**) in case of emergency.
緊急事態の場合には冷静さを保つべきだ。

1615 The men who robbed the bank are still (**at large**).
銀行を襲った男たちはまだ逃走中です。

1616 We will let you know the truth (**before long**).
間もなく、本当のことをお知らせしますよ。

1617 My father has been working for the bank (**for so long**).
父は長いあいだ、銀行に勤めてきました。

1618	**look out**	熟 [気を付ける] 熟 watch out 気を付ける
1619	**look over**	熟 [～にざっと目を通す]
1620	**look through**	熟 [～に目を通す]
1621	**look up**	熟 [(言葉など) を調べる]
1622	**make do with**	熟 [～で済ます]
1623	**make for**	熟 [～に役立つ、～を生み出す、～に向かう]
1624	**make good**	熟 [～を成し遂げる]
1625	**make one's way**	熟 [苦労して進む]
1626	**make out**	熟 [～を理解する]
1627	**as many as**	熟 [～もの]
1628	**on the market**	熟 [売りに出されて]

1618 (**Look out**) for pickpockets when you leave the airport.
空港を出たらスリに気を付けてね。

1619 (**Look over**) your answer sheet before you hand it in.
答案用紙を提出する前に、ざっと目を通してください。

1620 I (**look through**) the newspaper every morning.
私は毎朝、新聞に目を通している。

1621 (**Look up**) the meaning of words you don't know.
知らない単語の意味は調べなさい。

1622 I was too tired, so I (**made do with**) canned food.
疲れすぎていたので、缶詰の食品で済ませた。

1623 Smile (**makes for**) good relationships.
笑顔は良い人間関係を築くのに役立つ。

1624 They managed to (**make good**) on their goal.
彼らはどうにか目的を果たした。

1625 They (**made their way**) through the mountain roads.
彼らは山道を苦労して進んだ。

1626 She spoke too fast for me to (**make out**) her point.
早口すぎて、彼女の言いたいことが私には理解できなかった。

1627 She read (**as many as**) twenty books last week.
彼女は先週、なんと20冊もの本を読んだ。

1628 A retired baseball player's villa is (**on the market**).
引退した野球選手の別荘が売りに出されている。

1629	**in the meantime**	熟 [そのあいだに]
1630	**by nature**	熟 [生まれつき]
1631	**only to**	熟 [結局〜という結果になる]
1632	**out of the question**	熟 [問題外で]
1633	**of one's own**	熟 [自分自身の]
1634	**on one's own**	熟 [自力で] 熟 by oneself 自力で
1635	**pass away**	熟 [死ぬ] 動 die 死ぬ
1636	**pass on**	熟 [〜を伝える]
1637	**pass out**	熟 [意識を失う] 動 faint 意識を失う
1638	**in person**	熟 [本人が直接に]
1639	**pick out**	熟 [〜を選び出す]

1629 I'm going out. Finish cleaning (**in the meantime**).
出かけます。その間に掃除を済ませておきなさい。

1630 She has great musical talent (**by nature**).
彼女は生まれつき素晴らしい音楽の才能を持っている。

1631 He dared to propose to her, (**only to**) be turned down.
彼は勇気を出して彼女にプロポーズしたが、結局断られただけだった。

1632 Investing in such stocks is (**out of the question**).
そんな株に投資するのは問題外だ。

1633 My son wants to have a room (**of his own**).
息子が自分の部屋を持ちたがっている。

1634 Did you really bake this cake (**on your own**)?
本当にこのケーキを自分で焼いたんですか？

1635 Where do people go after they (**pass away**)?
死んだ後、人はどこに行くのだろう？

1636 We are supposed to (**pass on**) everything to our boss.
私たちは上司にすべてを伝えることになっています。

1637 He drank too much and finally (**passed out**).
彼は酒を飲みすぎてとうとう意識を失った。

1638 The mayor came to make an apology (**in person**).
市長本人が直接に謝罪に来た。

1639 It took over an hour to (**pick out**) what to wear.
着る物を選ぶのに 1 時間以上かかった。

1640	**in place of**	熟 [～の代わりに]
1641	**in the first place**	熟 [第一に、そもそも]
1642	**to the point**	熟 [要領を得た]
1643	**put out**	熟 [(明かりなど) を消す]
1644	**put together**	熟 [～を組み立てる、～を編成する]
1645	**at random**	熟 [無作為に] 副 randomly 無作為に
1646	**out of one's reach**	熟 [～の手の届かないところに] 熟 within one's reach ～の手の届くところに
1647	**reach out**	熟 [手を伸ばす]
1648	**refrain from -ing**	熟 [～することを控える]
1649	**in return**	熟 [お返しとして]
1650	**as a rule**	熟 [一般に、通例] 副 generally 一般に

1640 Would you attend the meeting (**in place of**) me?
僕の代わりに会議に出席してくれないか？

1641 You should have told me the truth (**in the first place**).
初めから本当のことを言うべきだったのです。

1642 Everything he said was (**to the point**) and persuasive.
彼の言うことはすべて、要領を得ていて説得力があった。

1643 Remember to (**put out**) the lights when you leave here.
ここを出るとき、忘れずに電気を消してくださいね。

1644 A new team was (**put together**) to face the enemy.
敵に立ち向かうために新チームが結成された。

1645 Winners will be selected from 100 people (**at random**).
当選者は、100 名から無作為に選ばれることになっている。

1646 Keep this medicine (**out of children's reach**).
この薬を、子どもの手が届かないところに保管しておいてください。

1647 The girl (**reached out**) for cookies in the cupboard.
女の子は食器棚にあるクッキーに手を伸ばした。

1648 Please (**refrain from eating**) and (**drinking**) on the bus.
バスの車内では飲食をお控えください。

1649 My mother baked a cake (**in return**) for my helping her.
私がお手伝いをしたお返しに、母がケーキを焼いてくれた。

1650 (**As a rule**), women live longer than men.
一般に、女性のほうが男性よりも長生きだ。

1651	**all the same**	熟［それにもかかわらず、それでもやはり］
1652	**save A from B**	熟［AをBから救う］
1653	**behind schedule**	熟［予定より遅れて］
1654	**send off**	熟［～を送り出す］
1655	**in shape**	熟［体調が良くて］
1656	**out of shape**	熟［形が崩れて、体調が悪くて］
1657	**show off**	熟［～を見せびらかす］
1658	**side by side**	熟［隣り合って］
1659	**sign up for**	熟［～に参加する］
1660	**ever since**	熟［それ以来ずっと］
1661	**for sure**	熟［たしかに］

1651 Despite the rain, the game took place (**all the same**).
雨が降っていたが、それでも試合は行われた。

1652 The subsidy (**saved**) the company (**from**) bankruptcy.
補助金がその会社を倒産から救った。

1653 Our plane took off two hours (**behind schedule**).
僕たちの乗った飛行機が、予定よりも2時間遅れて離陸した。

1654 After making a box lunch, she (**sent off**) her son.
弁当を作った後、彼女は息子を送り出した。

1655 Taking this supplement will keep you (**in shape**).
このサプリを飲めば健康なままでいられます。

1656 I'm so (**out of shape**) that I can't walk fast.
体調がとても悪くて速く歩けないんだ。

1657 The boy is (**showing off**) his new game device.
その男の子は新しいゲーム機を見せびらかしている。

1658 They sat (**side by side**) and had a chat for an hour.
彼らは隣り合って座って、1時間おしゃべりをした。

1659 I will (**sign up for**) an English conversation class.
英会話教室に参加するつもりなんです。

1660 The old couple has lived happily (**ever since**).
その高齢夫婦は、それ以来ずっと幸せに暮らしています。

1661 We can't tell (**for sure**) if we can get a reservation.
予約が取れるかどうかはっきりはわからない。

1662	**There is no -ing**	熟 [〜することはできない] 熟 It is impossible to~ 〜することはできない
1663	**at a time**	熟 [一度に] 熟 at once すぐに、同時に
1664	**at times**	熟 [ときどき] 副 occasionally ときどき
1665	**for the time being**	熟 [差し当たり、当分のあいだ]
1666	**in time**	熟 [間に合って] 熟 on time 時間通りに
1667	**in turn**	熟 [順番に]
1668	**under way**	熟 [進行中で]
1669	**in use**	熟 [使用中で]
1670	**out of use**	熟 [使用されていない]
1671	**as a whole**	熟 [全体として]
1672	**on the whole**	熟 [概して]

1662 (**There is no telling**) whether it will clear up tomorrow.

明日晴れるかどうかなんてわからないよ。

1663 The little girl picked up three cookies (**at a time**).

その幼い女の子は、一度に3つクッキーを手に取った。

1664 I feel like quitting my job and going abroad (**at times**).

ときどき、仕事を辞めて海外に行きたい気分になる。

1665 We will close the restaurant (**for the time being**).

当分のあいだ、レストランを閉めます。

1666 He came late though I had told him to come (**in time**).

間に合うように来るように言ったのに、彼は遅れて来た。

1667 Come forward (**in turn**) and say your name.

順番に前に出て名前を言いなさい。

1668 A plan to send humans to Mars is (**under way**).

人間を火星に送る計画が進行中だ。

1669 This phrase is not commonly (**in use**) among the young.

その言い方は、若い人のあいだでは一般的には使われていません。

1670 CDs and DVDs are almost (**out of use**) these days.

CDとDVDは最近ではほとんど使われていない。

1671 His plan is good (**as a whole**) but it is not perfect.

彼の計画は全体としては良いが、完璧ではない。

1672 (**On the whole**), he did well in the speech contest.

スピーチコンテストで彼は概してよく頑張った。

1673	**wear out**	熟 [～をすり減らす]
1674	**use up**	熟 [～を使い尽くす]
1675	**watch out for**	熟 [～に注意する] 熟 look out for~ ～に注意する
1676	**urge A to**	熟 [Aに～するように促す]
1677	**turn around**	熟 [向きを変える、好転する]
1678	**turn away**	熟 [顔や目を背ける、向きを変える]
1679	**turn on**	熟 [～のスイッチを入れる]
1680	**turn to**	熟 [～に頼る] 熟 turn to A for B AのBを当てにする [頼る]
1681	**think over**	熟 [～をじっくり考える]
1682	**throw away**	熟 [～を捨てる、無駄にする]
1683	**try out**	熟 [～を試してみる]

1673 My shoes are (**worn out**), so I have to buy new ones.
僕の靴がすり減ってしまったので、新しいのを買わなくちゃならない。

1674 Humans will (**use up**) all the resources on the earth.
人間は地球上の資源をすべて使い尽くしてしまうだろう。

1675 We have to (**watch out for**) fire in dry seasons.
乾季には火災に気を付けなければならない。

1676 They tried to (**urge**) me (**to**) run in the election.
彼らは私に、選挙に立候補するように促そうとした。

1677 The economy (**turned around**) and went for the better.
経済状態の風向きが変わり、良い方向に向かった。

1678 She (**turned away**) and refused to listen to him.
彼女はそっぽを向いて、彼の話を聞くのを拒否した。

1679 (**Turn on**) the copy machine after you enter the room.
部屋に入ったらコピー機のスイッチを入れといてね。

1680 He always (**turns to**) his mother for some advice.
彼はいつも助言を求めて母親に頼る。

1681 He (**thought over**) his doctor's words and quit smoking.
彼は医師の言ったことをじっくり考えて、タバコをやめた。

1682 He (**threw away**) his old habits and started a new life.
彼は古い習慣を捨てて、新しい生活を始めた。

1683 Can I (**try out**) the motorcycle before buying it?
そのオートバイを買う前に、試乗してみてもいいですか？

1684	**take in**	熟 [～をだます] 動 deceive だます
1685	**take notice of**	熟 [～に気づく、～を気にする]
1686	**take on**	熟 [～を引き受ける]
1687	**take one's time**	熟 [じっくりやる]
1688	**take out**	熟 [～を取り出す]
1689	**take away**	熟 [～を取り除く、～を取り上げる]
1690	**take back**	熟 [～を返す、～に思い起こさせる]
1691	**take turns -ing**	熟 [交代で～する]
1692	**speak up**	熟 [大きな声で話す]
1693	**stand by**	熟 [待機する]
1694	**stay away from**	熟 [～を避ける、～から離れておく]

1684 Everyone is (**taken in**) by his eloquence.
みんな彼の口のうまさにだまされる。

1685 You should (**take**) no (**notice of**) his words.
彼の言うことなんか気にしないほうがいいよ。

1686 She (**took on**) the job out of a sense of responsibility.
彼女は責任感からその仕事を引き受けたのです。

1687 It is better to (**take your time**) and eat slowly.
時間をかけてゆっくり食べたほうがいいよ。

1688 He (**took out**) some money and gave it to me.
彼はお金をいくらか取り出して私にくれた。

1689 (**Take away**) that cutter knife from the boy!
男の子からカッターナイフを取り上げて！

1690 Could you (**take back**) the money from the thief?
泥棒からお金を取り返していただけませんか？

1691 We (**take turns picking**) up trash in the park.
僕たちは交代で公園のゴミ拾いをしているんです。

1692 (**Speak up**) to be heard in the back of the classroom.
教室の後ろまで聞こえるように大きな声で話してください。

1693 The live broadcast will start soon, so please (**stand by**).
間もなく生放送が始まりますから、待機してください。

1694 You should (**stay away from**) danger to live peacefully.
平穏に生活するには、危険に近づかないでおくべきだ。

1695	**stay out**	熟 [外出中である]
1696	**run on**	熟 [～を燃料とする]
1697	**pull together**	熟 [協力する]
1698	**put ~ into practice**	熟 [～を実行する]
1699	**put an end**	熟 [終止符を打つ]
1700	**put aside**	熟 [～を取っておく]
1701	**put forward**	熟 [～を提案する]
1702	**at first**	熟 [初めは]
1703	**In light of**	熟 [～を考慮に入れて]
1704	**make believe to**	熟 [～するふりをする] 熟 pretend to~ ～するふりをする
1705	**on behalf of**	熟 [～を代表して]

1695 He lost his key and had to (**stay out**) overnight.
彼は鍵をなくして一晩中、外にいなければならなかった。

1696 In the past, trains (**ran on**) coal as fuel.
過去には列車は石炭を燃料として走っていた。

1697 The employees (**pulled together**) to make a union.
従業員は労働組合を作るために協力した。

1698 The politician (**put**) the secret plan (**into practice**).
その政治家はその秘密計画を実行に移した。

1699 Does he really intend to (**put an end**) to the war?
彼は本当にその戦争を終わらせるつもりなのだろうか？

1700 She (**puts aside**) a little sum of money every month.
彼女は毎月少額のお金を取っておいている。

1701 If you disagree, you should (**put forward**) an alternative.
もし反対するなら、代わりの案を提案すべきです。

1702 (**At first**) I didn't recognize him after a long interval.
久しぶりだったので、初めは彼が誰だかわからなかった。

1703 (**In light of**) recent events, we should reconsider our plans.
最近の出来事を考慮に入れて、私たちは計画を再考すべきです。

1704 The wolf (**made believe to**) be her grandmother.
狼は彼女のおばあさんであるふりをした。

1705 I'd like to express gratitude (**on behalf of**) the class.
クラスを代表して私が感謝を述べたいと思います。

1706 How have you been?

[元気でしたか？]

A: Hey, John! **How have you been?**
B: Hi, Sarah! I've been good, thanks for asking.

A:こんにちは、ジョン！　**お元気でしたか？**
B:こんにちは、サラ！　元気です。聞いてくれてありがとう。

1707 What have you been up to?

[何してたの？]

A: Hey, Mary! **What have you been up to** lately**?**
B: Hi, Tom! Oh, well, I've been keeping busy with work.

A:こんにちは、メアリー！　**最近はどうしていたの？**
B:こんにちは、トム！　ああ、そうね、仕事でずっと忙しかったよ。

1708 I haven't seen you for a while.

[しばらく会っていませんでしたね。]

A: Hi, Sarah! **I haven't seen you for a while.**
B: Hi, John! Yeah, it's been a few months since we last saw each other.

A:こんにちは、サラ！　**お久しぶりですね。**
B:こんにちは、ジョン！　そうですね、最後に会ったのは数ケ月前でしたね。

1709 What brings you here?

[どうしてここに来たのですか？]

A: **What brings you here?** I didn't know you were in town.
B: I'm here for a job interview at the company down the street.

A:**どうしてここに来たんですか？**　町にいるとは知りませんでした。
B:この通りにある会社の面接を受けるために来ました。

1710 I'm sorry for being late.

[遅くなってすみません。]

A: You're 30 minutes late.
B: **I'm sorry for being late.** There was unexpected traffic on the way here.

A:30分も遅れているよ。
B:**遅れてごめんなさい。**道中で予期せぬ渋滞がありました。

1711 **Nice to meet you.**

[お会いできてうれしいです。]

A: Hi, I'm John. **Nice to meet you.**
B: Hi, John, I'm Sarah. Nice to meet you too.

A:こんにちは、ジョンといいます。**お会いできてうれしいです。**
B:こんにちは、ジョンさん、私はサラといいます。こちらこそ、お会いできてうれしいです。

1712 **It's great to see you.**

[お会いできてうれしいです。]

A: Hey, it's been a while!
B: Yes, it has. **It's great to see you.**

A:やあ、お久しぶりですね！
B:そうですね。**お会いできてうれしいです。**

1713 **How was your weekend?**

[週末はどうでしたか？]

A: Hey, **how was your weekend?**
B: It was pretty good. I went on a hike with some friends.

A:こんにちは、**週末はどう過ごしましたか？**
B:まあまあ良かったです。友だちとハイキングに行きました。

1714 **Let's catch up soon.**

[近いうちに近況を語り合いましょう。]

A: It's been a while since we last talked. **Let's catch up soon.**
B: That's a great idea. How about we grab lunch next week?

A:前回話したのはずいぶん前ですね。**近いうちに話をしましょう。**
B:いい考えですね。来週ランチでもしましょうか？

1715 **Do you want to grab a drink sometime?**

[そのうち一杯飲みませんか？]

A: Hey, **do you want to grab a drink sometime?**
B: Sure, that sounds like fun. How about this Friday?

A:こんにちは、**そのうち一杯飲みませんか？**
B:はい、楽しそうですね。今週の金曜日はどうですか？

1716
What's new with you?
[最近どうですか？]

A: Hey, **what's new with you?**
B: Not much, just been busy with work.

A:こんにちは、**最近どうですか？**
B:それほど変わったことはないですね、仕事が忙しいくらいです。

1717
I'm glad to hear that.
[私はそれを聞いてうれしいです。]

A: I got the job!
B: **I'm glad to hear that**. Congratulations!

A:仕事が決まりました！
B:**それを聞いてうれしいです。**おめでとうございます！

1718
That's too bad.
[お気の毒に。]

A: I missed the train.
B: **That's too bad.** Maybe you can catch the next one.

A:電車に乗り遅れちゃった。
B:**お気の毒に。**次の電車には乗れるかもしれませんね。

1719
I'm not feeling well.
[気分が悪い。]

A: Are you coming to the party tonight?
B: **I'm not feeling well.** I think I'll stay home.

A:今晩のパーティーに来るの？
B:**気分が悪いんです。**家にいようかな。

1720
I'm feeling much better now.
[今はとても気分が良くなりました。]

A: How are you feeling today?
B: I was sick yesterday, but **I'm feeling much better now.**

A:今日は調子はどう？
B:昨日は具合が悪かったのですが、**今はだいぶ調子がいいです。**

1721
Congratulations!
[おめでとうございます！]

A: I got accepted into my top choice university.
B: **Congratulations!** That's fantastic news!

A:第１志望の大学に合格しました。
B:**おめでとうございます！**　素晴らしいニュースですね！

1722
Good luck!
[幸運を！　頑張ってください！]

A: I have a job interview tomorrow.
B: **Good luck!** I'm sure you'll do great.

A:明日面接があるんだ。
B:**頑張って！**　きっと素晴らしい結果になるよ。

1723
Have a great day!
[すてきな一日を！]

A: I have to head to work now.
B: **Have a great day!**

A:もう仕事に行かなければなりません。
B:**いい一日を！**

1724
Take care!
[気を付けて！（お大事に！）]

A: I think I'm coming down with a cold.
B: **Take care!** Get some rest and drink plenty of fluids.

A:風邪をひいちゃったみたい。
B:**お大事に！**　休んで、たくさん水分をとってね。

1725
I appreciate your help.
[私はあなたの助けに感謝しています。]

A: Thank you so much for assisting me with this project.
B: **I appreciate your help.**

A:このプロジェクトの手助けをしてくれて本当にありがとう。
B:**ご協力に感謝しています。**

1726
Can you give me a hand with this?
[これを手伝ってもらえますか？]

A: **Can you give me a hand with this project?**
B: Sure, I'll be glad to help you with that.
A:このプロジェクトで手伝っていただけませんか？
B:もちろん、喜んでそれを手伝いますよ。

1727
Thanks for your time.
[お時間取ってくださりありがとうございます。]

A: I really enjoyed our conversation. It was very insightful.
B: **Thanks for your time.**
A:おしゃべり本当に楽しかったです。とても洞察に富んだものでした。
B:**時間を割いてくれてありがとう。**

1728
It was nice talking to you.
[話せてよかったです。]

A: I had a great time chatting with you. **It was nice talking to you.**
B: It was nice talking to you too.
A:あなたとおしゃべりできて楽しかったです。**お話しできてうれしかったです。**
B:こちらこそ、お話しできてうれしかったです。

1729
I'll keep in touch.
[連絡をとり続けます。]

A: It was great meeting you. **I'll keep in touch.**
B: I look forward to hearing from you.
A:お会いできてうれしかったです。**連絡をとり続けますね。**
B:お便りを楽しみにしています。

1730
Do you have any plans for the weekend?
[週末の予定はありますか？]

A: Hey, **do you have any plans for the weekend?**
B: Yes, I'm going to visit my grandparents.
A:こんにちは、**週末の予定はありますか？**
B:はい、祖父母を訪ねる予定です。

1731
What do you like to do in your free time?
[自由時間には何をするのが好きですか？]

A: **What do you like to do in your free time?**
B: In my free time, I like reading books and watching movies.

A：**あなたは自由な時間に何をするのが好きですか？**
B：自由な時間には、本を読むことや映画を観ることが好きです。

1732
How do you usually spend your weekends?
[あなたはふだん、週末をどのように過ごしますか？]

A: **How do you usually spend your weekends?**
B: Well, I usually like to go hiking and spend time outdoors.

A：**ふだん、週末はどのように過ごしていますか？**
B：私はふだん、ハイキングに行って屋外で時間を過ごすのが好きです。

1733
That sounds like fun.
[それは楽しそうですね。]

A: Hey, I'm thinking about going on a picnic this weekend.
B: **That sounds like fun.** I'd love to come along.

A：ねえ、この週末、ピクニックに行こうと思ってるんだ。
B：**それは楽しそうだね。**私も一緒に行きたいな。

1734
I'm looking forward to it.
[私はそれを楽しみにしています。]

A: I'm thinking of going to the beach. Do you want to come with me?
B: That sounds like a great idea! **I'm looking forward to it.**

A：海に行こうと思っているんだ。一緒に行かない？
B：それはいいアイデアね！　**それを楽しみにしてるわ。**

1735
Sorry, I didn't catch that.
[申し訳ありませんが、聞き取れませんでした。]

A: What do you think about the new project proposal?
B: **Sorry, I didn't catch that.**

A：新しいプロジェクトの提案について、どう思いますか？
B：**すみません、聞き取れませんでした。**

1736
Could you repeat that, please?
[もう一回言っていただけますか？]

A: I'm sorry. I didn't catch what you just said. **Could you repeat that, please?**
B: Sure, I was asking if you have any plans for the weekend.

A：すみません。今おっしゃったことが聞き取れませんでした。**もう一度言っていただけますか？**
B：もちろんです、あなたが週末に予定があるかどうか尋ねていました。

1737
Can you speak more slowly?
[もっとゆっくり話してもらえますか？]

A: **Can you speak more slowly?**
B: Sure, I'll slow down. What did you do last weekend?

A：**もっとゆっくり話してもらえますか？**
B：もちろんです、ゆっくり話しますね。先週末は何をしたんですか？

1738
I don't understand what you mean.
[何を言っているのかわかりません。]

A: **I don't understand what you mean.**
B: Oh, I apologize for the confusion. Let me explain it again.

A：**何を言っているのかわかりません。**
B：ああ、混乱を招いてしまい申し訳ありません。もう一度説明しますね。

1739
Can you explain that to me?
[それを私に説明してもらえますか？]

A: **Can you explain that to me?**
B: Certainly! Let me break it down for you.

A：**それを私に説明してもらえますか？**
B：もちろんです！　かみくだいて説明しますね。

1740
Let me see if I got this right.
[これを正しく理解しているか、確認させてください。]

A: **Let me see if I got this right.**
B: Sure, go ahead. I'm here to clarify any questions.

A：**これを正しく理解しているか、確認させてください。**
B：もちろん、どうぞ。質問をするために私はここにいます。

1741
That makes sense.
[それは理にかなっていますね。]

A: I think it's better to take a train instead of driving in this traffic.
B: **That makes sense.**

A:この渋滞では車で行くより電車に乗ったほうがいいと思う。
B:**それは理にかなっていますね。**

1742
I see what you mean.
[言いたいことはわかります。]

A: The movie was good, but the ending was a bit confusing.
B: **I see what you mean.**

A:その映画は良かったけど、結末が少しわかりづらかったね。
B:**あなたの言っていることがわかります。**

1743
That's a good point.
[それは良い点です。]

A: We should consider the potential risks before making a decision.
B: **That's a good point.**

A:私たちは決定する前に潜在的なリスクを考慮すべきですね。
B:**それは良い点です。**

1744
I agree with you.
[同意です。]

A: I think we should prioritize customer satisfaction.
B: **I agree with you.**

A:私たちは顧客満足を優先すべきだと思います。
B:**同感です。**

1745
I'm not sure about that.
[そのことはよくわかりません。]

A: I think we should go left to reach the station.
B: **I'm not sure about that.**

A:駅に着くためには左に行ったほうがいいと思うよ。
B:**それはどうかな。**

1746 **That's an interesting idea.**

[それは興味深いアイデアですね。]

A: I think we should try the new restaurant TOKYO.
B: **That's an interesting idea.**

A:私たちは新しいレストラン、トウキョウに行ってみるべきだと思うよ。
B:**それは興味深いアイデアだね。**

1747 **Let me think about it.**

[それについて考えさせてください。]

A: How about going hiking this weekend?
B: **Let me think about it.**

A:今週末、ハイキングに行くのはどうかな？
B:**考えさせてください。**

1748 **I'll get back to you on that.**

[それについては折り返しご連絡いたします。]

A: Can you let me know by tomorrow if you're available for the meeting?
B: **I'll get back to you on that.**

A:明日までに、ミーティングに参加できるか教えていただけますか？
B:**それについては後で、折り返し連絡しますね。**

1749 **Sorry, I have to go now.**

[ごめんなさい、もう行かなければなりません。]

A: Could you help me with this project?
B: **Sorry, I have to go now.**

A:このプロジェクトの手伝いをしてもらえますか？
B:**すみません、もう行かなければなりません。**

1750 **It was nice seeing you.**

[お会いできてうれしかったです。]

A: It was great catching up with you!
B: **It was nice seeing you.**

A:状況を語り合えて楽しかったよ！
B:**お会いできてうれしかったです。**

1751
Have a safe trip!
[安全な旅を！]

A: I'm leaving for my vacation tomorrow.
B: **Have a safe trip.**

A:明日、休暇に出かけます。
B:**気をつけて旅行してきてね。**

1752
Bon appétit!
[召しあがれ！]

A: Thanks so much for this great-looking meal.
B: **Bon appétit!**

A:おいしそうなお食事をありがとうございます。
B:**召しあがれ！**

1753
Cheers!
[乾杯！]

A: Let's raise our glasses to celebrate this special occasion.
B: **Cheers!**

A:この特別な場を祝って、祝杯をあげましょう。
B:**乾杯！**

1754
Have a good one!
[良い一日を過ごしてください！]

A: I'm off to the store. See you later!
B: Alright, **have a good one!**

A:私はお店に行ってきます。また後でね！
B:わかった、**良い一日を！**

1755
How was your day?
[今日はどうでしたか？]

A: Hey, **how was your day** at school?
B: It was pretty good, thanks!

A:こんにちは、**今日の**学校**はどうだった？**
B:かなり良かったよ、ありがとう！

会話表現編

索　引

単　語

熟 語

会話表現

著者
加藤直一　かとう なおひと
ベリタスアカデミーの英語講師、大学入試の分析や解説を担当。大手予備校で25年間大学受験英語指導に携わりながら、国公立クラス担任を歴任。現在はオンラインを中心に大学受験指導を行いながら、高等学校の放課後講座や夏期講習などにも出講。大学入試解答速報にて、早稲田大学や国公立大学を受け持つ。

〈著書〉
『シグマベスト　スーパー基礎・総合英語塾』（文英堂）

英検®2級頻出度順英単語　1700

著　者　加藤直一
発行者　高橋秀雄
発行所　**株式会社 高橋書店**
〒170-6014
東京都豊島区東池袋3-1-1 サンシャイン60 14階
電話　03-5957-7103

ISBN978-4-471-27584-6　

本書の内容についてのご質問は「書名、質問事項（ページ、内容）、お客様のご連絡先」を明記のうえ、郵送、FAX、ホームページお問い合わせフォームから小社へお送りください。
回答にはお時間をいただく場合がございます。また、電話によるお問い合わせ、本書の内容を超えたご質問にはお答えできませんので、ご了承ください。
本書に関する正誤等の情報は、小社ホームページもご参照ください。

【内容についての問い合わせ先】
書　面　〒170-6014 東京都豊島区東池袋3-1-1
サンシャイン60 14階　高橋書店編集部
F A X　03-5957-7079
メール　小社ホームページお問い合わせフォームから
（https://www.takahashishoten.co.jp/）

【不良品についての問い合わせ先】
ページの順序間違い・抜けなど物理的欠陥がございましたら、電話03-5957-7076へお問い合わせください。ただし、古書店等で購入・入手された商品の交換には一切応じられません。